economía

y

política

KEYNES
ante la crisis mundial de los años ochenta

por

ANTONIO SACRISTÁN COLÁS

siglo
veintiuno
editores

MÉXICO
ESPAÑA
ARGENTINA
COLOMBIA

XXI

siglo veintiuno editores, sa de cv
CERRO DEL AGUA 248, DELEGACIÓN COYOACÁN, 04310 MÉXICO, D.F.

siglo veintiuno de españa editores, sa
C/PLAZA 5, MADRID 33, ESPAÑA

siglo veintiuno argentina editores, sa

siglo veintiuno de colombia, ltda
AV. 3a. 17-73 PRIMER PISO, BOGOTÁ, D.E. COLOMBIA

primera edición, 1985
© SIGLO XXI EDITORES, S.A. DE C.V.
ISBN 968-23-1314-7

ÍNDICE

[7]

RECONOCIMIENTOS

Debo agradecer a los profesores de la Universidad Nacional Autónoma de México, Catarina Rock de Sacristán y Emilio Sacristán Roy, por su trabajo de revisión de los textos y por ayudarme a corregir errores. También a la profesora de la División de Estudios de Posgrado de la Facultad de Economía de la Universidad Nacional Autónoma de México, Rosa Cusminsky, por haberse tomado la molestia de leer el texto original y ofrecerme ciertas sugerencias muy útiles para la mejor presentación de este libro.

PREFACIO

Nos hemos acostumbrado a considerar las crisis casi como fenómenos naturales inexorablemente determinados por los hechos económicos, los cuales incluso hemos llegado a cuantificar con dudosa exactitud que resulta de bases puramente deductivas, en vez de apreciarlas por el cómputo directo de la productividad del trabajo aplicado a la producción.

En nuestro afán de hacer de la economía una "ciencia positiva" hemos pasado por alto que los hechos están determinados por el comportamiento de los sujetos económicos que actúan conforme a ciertas ideas que constituyen el cuadro de lo que llamamos teoría económica y que los hechos podrían ser distintos si las ideas fueran diferentes y más congruentes con la finalidad del proceso económico, que ha de ser el de conseguir el bienestar colectivo mayor y más generalizado.

Si quisiéramos encontrar un genio maléfico, el "diablo" que inspirara las crisis económicas y las difundiera por el mundo, lo tendríamos que encontrar en el seno de la teoría económica o, dicho con más exactitud, entre las incongruencias, postulados e irrealismos de lo que podríamos llamar la "teoría convencional o en uso", que es la que orienta el comportamiento de los sujetos económicos e inspira las políticas de los gobiernos.

La "teoría convencional o en uso" es el devenir de los idealismos irrealistas y supuestos de la teoría clásica, en la que fía y confía el funcionamiento del sistema económico. Y como no puede asegurar el correcto funcionamiento de las economías, se generan hechos, nuevas ideas y postulados cada vez más desviados de la finalidad esencial de la teoría y de las economías (asegurar el bienestar colectivo mayor y más general).

Y así los economistas prácticos y no pocos académicos nos hemos convertido en los "sumos sacerdotes" de una ciencia esotérica ante cuyo umbral se detienen los espíritus más inteligentes, que no pueden penetrar en ella si no van de la mano de un economista que los guíe en los teoremas y falsos silogismos que integran la teoría económica en uso, sin los cuales no se pueden entender sus teorías. Hemos llegado a ser los fariseos del mundo contemporáneo que apoyándose en sus creencias falsamente ortodoxas postulan austeridad y, como "realismo", el crecimiento de las ganancias monetarias y financieras a expensas del crecimiento del producto y del salario en términos reales, que debiera ser la verdadera fe y norma directriz de las economías.

Y esto es así porque nos hemos empeñado en desoír las dos críticas fundamentales al funcionamiento de las economías y de la teorética clásica, formuladas hace más de un siglo por Marx y más o menos medio siglo por Keynes.

Marx, como es sabido, pone de manifiesto que si se pretende una determinada tasa de ganancia, conforme decrece el rendimiento del capital por efecto de la acumulación misma es menester que la participación de la ganancia sea desproporcionada respecto al crecimiento del producto; y en consecuencia el salario real decrece, al menos relativamente, lo que dará lugar —antes o después— al agotamiento y autodestrucción del sistema económico. Y sin que esto quiera decir que la solución del problema no pueda ser otra diferente de la preconizada por Marx, que consiste en la eliminación de toda clase social que no sea la trabajadora —implantada en los sistemas socialistas por la simple sustitución del capitalismo privado por el capitalismo de Estado.

No me propongo usar la crítica marxista para poner de relieve las incongruencias de la teoría convencional, porque podrán hacerlo mejor que yo otros más versados en dicha teorética. En cambio, el objeto de este trabajo es traer a colación las críticas y las rectificaciones al pensamiento clásico contenidas en la *Teoría general del empleo*,[1] por y para lo que puedan servir para dilucidar las causas de la actual situación económica que padece el mundo en general.

Keynes escribió la *Teoría general del empleo* como una explicación de la Gran Crisis de los años veinte, mas cualquiera que se tome el trabajo de leer las primeras páginas comprenderá que sirve perfectamente para explicar la actual crisis de los ochenta, que padecen casi todas las economías, por no decir todas, del mundo. A mi parecer, la actual situación económica sobrepasa el concepto tradicional de crisis —temporales, alternativas y recurrentes— alrededor de un punto de equilibrio que entre los dos extremos, prosperidad y depresión, no acusaban insuficiencia de la "demanda efectiva global".

La actual situación se caracteriza por inflación, desempleo, desequilibrio comercial externo y depauperación progresiva y acumulativa de casi todas las monedas; pero la inflación es un fenómeno secular; el desempleo también, si se aprecia a nivel mundial, y el desequilibrio comercial externo se puede denotar explícitamente a partir del fin de la primera guerra mundial.

Parece razonable que si esta situación económica es cuasi universal haya de encontrarse sus causas en alguna razón también de carácter general, y ésta obviamente puede hallarse en las incongruencias de la teoría convencional o en uso y en los errores de las políticas económicas inspiradas en ella. Tanto unas como otros están cuidadosamente relatados y pormenorizados en la *Teoría general del empleo* y a ella nos debemos de remitir.

No se trata de hacer un compendio ni una exégesis de la *Teoría general del empleo* sino de poner de relieve sus principios y postulados más importantes, con objeto de incitar a leer y releer las rectificaciones y

[1] John Maynard Keynes, *The general theory of employment, interest and money*, Nueva York, Harcourt, Brace and Company, 1935.

principios contenidos en dicha obra que, a mi parecer, por sí solos explican lo que nos está sucediendo y el porqué del mal funcionamiento de las economías. Y al propio tiempo, los elementos para rectificar las políticas y postular las medidas para corregir la actual situación económica mundial.

Las crisis, que son crisis de desempleo, están directamente relacionadas con las políticas de elevación de las tasas de interés, más o menos drásticas, como Keynes claramente puso de manifiesto lo que, como es natural, trae aparejado el desequilibrio en la distribución del producto entre los factores. Y aunque nos hemos acostumbrado a considerarlas como un fenómeno natural del proceso económico, parece más plausible que estén generadas por los errores de las políticas económicas, especialmente las monetarias, inspiradas en las incongruencias de la propia teoría que llamamos convencional o en uso.

Y esto es precisamente lo que explica con toda claridad la *Teoría general del empleo.*

El mal es más de fondo, arranca desde el enfoque, desde los errores de concepto fundamentales, lo que podríamos decir de "filosofía" en que se apoya el pensamiento clásico y tradicional; y que aunque no sea el objeto de este trabajo, consideramos oportuno apuntarlos aquí, porque con frecuencia por sabidos se olvidan.

En primer lugar, la teoría parte del principio de que con la búsqueda del provecho individual se alcanza el bienestar colectivo gracias a la contraposición de los intereses, en cierto modo a semejanza de lo que sucede con la libertad individual, que se limita por el ejercicio de la libertad de los demás; lo que olvida es que el marco de los derechos de libertad está regulado por el derecho, mientras que al provecho individual ni la teoría económica ni las leyes le ponen ningún límite formal. Ni siquiera se toma en consideración el principio jurídico del "enriquecimiento ilícito", por "enriquecimiento sin causa jurídica".

Y sin embargo, principio tan bárbaro e inmoral que parece una demostración *ad absurdum* impregna toda la teoría económica convencional, como se manifiesta en dos puntos fundamentales: el principio de la competencia perfecta, que supone que el precio tiende a ser igual al costo marginal —lo que no es realista ni lógico— y, del lado heterodoxo, el principio de la "lucha de clases", que si bien es un modo real de dirimir las retribuciones del trabajo no puede comprenderse cómo no se ha podido encontrar un método menos bárbaro e irracional para distribuir el producto en función de las contribuciones de ambos factores, capital y trabajo, en la obtención del producto, a pesar de que el postulado fundamental de equilibrio formulado por la teoría clásica consiste en que el salario real sea igual a la productividad marginal del trabajo y a la desutilidad marginal del empleo (aunque el funcionamiento del sistema económico no garantice que en la realidad sea así).

Otro error fundamental o de sana filosofía de la teoría económica consiste en que no obstante que por convicción o por convención todos estamos de acuerdo en reconocer la teoría del *valor trabajo*, las magnitudes económicas no se ajustan al valor. Y no vacilamos en sacrificar la proporción de la participación del salario en favor de la prioridad y protección que se da a la participación de la ganancia y a la tasa de la ganancia, posiblemente por suponer que a mayor ganancia puede haber mayor acumulación de capital, cuando lo más cierto es que la acumulación de capital determina la ganancia, y no la ganancia la acumulación de capital. Y a pesar de que el principio fundamental en que se apoya toda la teoría clásica es la igualdad del salario real con el valor del trabajo.

Parecería humorístico transcribir aquí un "aforismo", un axioma que por sí solo explica la incongruencia de la distribución en uso: "Si el producto crece, el salario real tiene que crecer; mientras que si el salario real no crece, es que el producto en términos reales no ha crecido tampoco."

Un error más, de concepto o de enfoque, consiste en que no obstante estar todos de acuerdo en que lo que cuentan son los resultados reales de la producción, no vacilamos en dar prioridad a los rendimientos monetarios y financieros, a los réditos y a las ganancias en dinero, sobre la productividad real de los negocios. Y esto posiblemente es una de las características más agudas de la actual situación económica mundial.

En este punto podríamos también referirnos a otro aforismo: "Si el proceso productivo se retrae como consecuencia de las altas tasas de interés, como los réditos no pueden salir de otro lado que del producto mismo, se llegaría a un punto en que no puede haber producción ni réditos *efectivos.*"

Con tan simple aforismo se pone de manifiesto la incongruencia de la proposición de la teoría neocuantitativa de Chicago, que postula la necesidad de aumentar las tasas nominales cuando baja el poder adquisitivo del dinero; suponiendo que una variación "nominal" puede dar lugar a una variación "efectiva".

Aceptamos el principio clásico de la "demanda efectiva", precisado por la crítica keynesiana, según el cual ésta expresa el punto de coincidencia del "precio agregado de la oferta" con la demanda, gracias al cual es posible retribuir la producción y que la producción sea consumida. Y sin embargo, rechazamos este principio cuando se trata de las relaciones comerciales entre los países, pues se admite la posibilidad de la oferta sin que el país reciba el correlativo de la demanda. Y ello explica claramente las dificultades que comporta el sistema de los créditos internacionales a mediano y largo plazo.

Aquí podríamos referirnos a otros aforismos:

"Un sistema bancario no puede prestarle a otro, más que si puede rembolsarse en su propia moneda, con la realización de la demanda."

"Un sistema bancario no puede liquidar deudas en moneda extranjera, más que si tiene plena autonomía monetaria, con independencia de las reservas monetarias internacionales."

Y en lo que se refiere al proceso real, podríamos
aún añadir un tercer aforismo: "Para que un país superavitario pueda obtener la ventaja que espera de su
superávit es menester que deje de serlo, es decir, que
adquiera mercancías del deudor para restablecer el
equilibrio."

Otro error fundamental que inspira todas las políticas monetarias es la teoría cuantitativa de los precios,
según la cual el aumento de la cantidad monetaria
determina la elevación correlativa de los precios.

"Si al propio tiempo que aumentan los precios decrece el valor del dinero, la relación del valor del dinero con los precios es puramente tautológica y no
causal." En cambio, "si en vez de tener en cuenta la
cantidad monetaria cotejamos con el valor del dinero
la tasa de interés, resulta claro que cuanto más alto
sea el precio-valor del dinero, menor será la apreciación de las mercancías y servicios en términos de dinero". "Ésta sería la verdadera teoría monetaria de
los precios."

Y para terminar con esta relación de las grandes
incongruencias conceptuales, tendríamos que enun-
ciar un dilema insoluto por la teoría económica: La ganancia es determinante de los precios, y el nivel de los
precios es determinante de la ganancia. Con lo cual,
ganancia y precios resultan indeterminados; salvo que
se asegure que la ganancia es rigurosamente proporcional al crecimiento del producto y del salario real.[2]

De todo esto se desprende una observación fundamental: el mejor elemento de análisis, el objetivo y el
método de medición de las magnitudes económicas,
no puede ser otra cosa que el salario real y su proporcionalidad con el crecimiento del producto, habida
cuenta de que el capital es un bien producido por el
trabajo, y si se quiere por el trabajo e ingenio huma-

---

[2] Para mayor detalle de las incongruencias de la teoría económica a nivel puramente técnico, véase Antonio Sacristán Colás, *Inflación, desempleo, desequilibrio comercial externo*, curso de conferen-
cias, México, CIDE, 1982.

nos (conforme a la expresión neoclásica de Wicksell: "El capital es trabajo y tierra ahorrados").

Y de aquí la importancia de la medición de todas las magnitudes económicas propuesta por Keynes, en unidades salario y en unidades salario en dinero, a la que los economistas posteriores a Keynes no hemos dado aún la debida consideración, y a la que nos proponemos referirnos como apéndice de este trabajo.

No adelantaríamos mucho en nuestro propósito si en vez de mantenernos en estas consideraciones generales no procuráramos un mayor acercamiento en el que se confronten los principios de la teorética clásica y convencional consigo mismos y con la realidad del funcionamiento económico.

Y con ello volvemos al propósito fundamental de este libro, de destacar los principios fundamentales de la *Teoría general del empleo* para hacerlos objeto de una lectura y meditación más atenta.

Para ello dividiremos nuestro trabajo en cuatro capítulos: "La crítica keynesiana a los postulados de la economía clásica", "La teoría keynesiana de la producción", "La teoría de los precios" y "Los determinantes de la inversión".

Bien se advierte que no pretendemos agotar con ello todo el contenido de la *Teoría general del empleo*, sino destacar los aspectos fundamentales que nos parecen más a propósito para explicar la actual situación económica que padecen las economías.

En el primer capítulo exponemos la crítica keynesiana a los postulados de la teoría clásica, que pone de manifiesto que no siendo realista el supuesto de que el salario real sea igual a la productividad marginal del trabajo ni a la desutilidad marginal del empleo, todo el modelo clásico resulta cojo en su funcionamiento y en sus posibilidades de equilibrio. Y por lo tanto es bien lógico y natural que las economías que confíen en él tengan que padecer el mal funcionamiento a que da lugar el propio irrealismo de sus supuestos.

En el segundo capítulo se explica cómo la producción la genera el empleo; el empleo determina la demanda efectiva y a su vez es función de ella, con más o menos elasticidad del primero a los incrementos de la segunda. La función consumo determina el efecto "multiplicador", que da lugar a que la inversión por el multiplicador acreciente la demanda efectiva, y que ésta haga posible el incremento del consumo y del ahorro. Y que la economía pueda seguir creciendo hasta el punto de utilizar al máximo los recursos humanos, naturales y de técnica; lo cual no impide que la economía llegue a un equilibrio a cualquier nivel de empleo, debido a entorpecimientos —fundamentalmente elevación de la tasa de interés, que impida el desenvolvimiento del proceso productivo mismo y su natural crecimiento.

En el tercero, después de explicada la teoría del empleo, la teoría de los precios vuelve a tomar su lugar en forma que podríamos decir independiente de la teoría monetaria cuantitativa y que resulta de las elasticidades del empleo a la demanda efectiva y de las variaciones de la remuneración de los factores que entran en la producción, respecto a su eficiencia. La lectura de este capítulo sirve de marco a una lectura más profunda de la propia teoría keynesiana de los precios, en la que la teoría cuantitativa de los precios se reduce a un caso particular, al de la verdadera inflación en pleno empleo, en el cual los precios aumentan proporcionalmente con la cantidad monetaria, porque ya no aumenta el producto. La eliminación de este error de la mente de los economistas significa un cambio fundamental en la teorética y abre amplios caminos hacia el pleno empleo y hacia la prosperidad de las economías.

En el cuarto capítulo se hace referencia al efecto de la tasa de interés, con relación a la eficiencia marginal del capital, como obstáculo a la inversión, al empleo y al crecimiento de la producción. Y se descarta el supuesto tradicional del efecto positivo de la tasa de interés en el ahorro.

Muy fuertes tienen que ser los fundamentos y justificaciones teoréticas y reales de la tasa de interés para que ésta se pueda constituir en el obstáculo fundamental del proceso productivo y del desenvolvimiento de las economías.

Se supone erróneamente que la tasa de interés sirve para estabilizar el valor del dinero; pero si reduce la inversión y el producto, mal puede estabilizar el valor del dinero. Tampoco sirve para regular los movimientos de capitales, porque los movimientos de capitales se traducen siempre en movimientos de mercancías y servicios, y si la elevación de la tasa de interés reduce las elasticidades de producción de mercancías de exportación, el déficit de la balanza de mercancías compensaría el efecto favorable de la tasa de interés respecto a los movimientos de capitales, si lo tuviera.

Y por último, a guisa de apéndice, haremos algunas observaciones que permitan abrir el camino para la utilización de la medida de las magnitudes económicas, propuesta por Keynes, en unidades salario en dinero.

No sería del caso tratar de restablecer una nueva versión de la teoría económica, teniendo en cuenta las rectificaciones y las críticas a que se refiere este libro.

Ni tampoco tratar de resolver la contradicción entre los postulados idealistas de la teoría clásica que supone que el salario tiene que ser igual a la productividad marginal del trabajo y el crudo realismo de la teoría de la acumulación ricardiana que postula el salario dado, gracias a la ilimitada oferta de mano de obra (es decir al desempleo) y aumentos en la ganancia y la acumulación marginalmente decrecientes, que se explica gracias al artificioso principio de la renta "nominal" creciente de la tierra y de la "cuasi-renta" del capital, conforme decrece la productividad de la tierra y aumenta la población —lo que constituye el pensamiento aún dominante que rige la acumulación de capital.

Pero sí podemos deducir fácilmente ciertas *con-*

clusiones, que resultan de las rectificaciones y postulados de la teoría keynesiana que se examina en este libro y que pueden servir para remontar la actual situación económica y para ofrecer al desenvolvimiento de las economías un porvernir más brillante. Dichas conclusiones las podrá ir alcanzando el lector, al propio tiempo que valúa sus fundamentos. A saber:

i] La ineludible presencia del Estado en la vida económica, puede encontrar métodos para conseguir que el salario real se ajuste proporcionalmente al crecimiento del producto por hombre empleado; lo que no se ha podido obtener hasta el presente, por el libre juego de las fuerzas económicas.

ii] Si al propio tiempo se califica como "enriquecimiento ilícito" por "enriquecimiento sin causa jurídica" todo aumento de las ganancias debido simplemente al alza de los precios, el salario real puede alcanzar o acercarse a la proporcionalidad de su crecimiento con el crecimiento del producto por hombre empleado; y de este modo conseguir la condición de equilibrio, "edad de oro", que hace posible el crecimiento. Esto es, el incremento de la inversión en forma adecuada y congruente, para que la demanda efectiva tienda a alcanzar las condiciones de pleno empleo, lo cual no sólo es un bien en sí mismo, porque aumenta el producto, el consumo y la acumulación, sino que además permite la equilibrada distribución del producto entre los factores de producción, consumo de los asalariados y acumulación de capital.

iii] Cuanto más estable y más baja sea la tasa de interés bancario, más fácil será que la inversión fluya en términos de lo que la eficiencia marginal del capital permita, gracias al avance tecnológico que hoy nos ofrece el progreso de las demás ciencias, dando lugar a que la creación monetaria sea función estable de los incrementos de la demanda efectiva global, sin pretender restringir ni expansionar el circulante por encima de lo que requiera el propio proceso productivo y de realización y consumo de lo producido.

iv] Cuanto más estable sea la creación monetaria y

el precio del dinero, tanto más estable podrá ser el proceso económico, de igual modo que sólo en la estabilidad del proceso económico puede apoyarse la estabilidad del poder adquisitivo del dinero; así como la estabilidad del comercio exterior, que ha de descansar en la estabilidad interna en el proceso de la distribución del producto entre los factores de producción, es decir, en la estabilidad de los precios, en proporción a los costos de producción.

v] El equilibrio externo no podrá obtenerse sin comprender que el óptimo del comercio internacional para cada economía y para el conjunto es su equilibrio natural: abandonando todo neomercantilismo que sólo se puede conseguir mediante paridades cambiarias infravaluadas y con el otorgamiento de créditos internacionales a mediano y largo plazo.

vi] En último término, la esencial prioridad del crecimiento del salario, como *objetivo* y como método de análisis del proceso económico, en vez de postular y proteger la tasa y la participación de la ganancia, permitiendo que ésta sea desproporcionada con la productividad, lo que constituye la inflación.

Tales postulados no pretenden otra cosa que restablecer el principio de ajuste de precios y magnitudes económicas con la *teoría del valor*, expresada como retribución del trabajo productivo. Y conviene lo mismo a un sistema de (más o menos) libertad de empresa que de capitalismo de Estado, lo que nos permite eludir la cuestión que divide el pensamiento político, tanto en lo interno como en la relación entre los países, en dos posiciones antitéticas que originan tan fuertes confrontaciones de pensamiento y de política que no son fáciles de dilucidar si nos empeñamos en que solamente uno u otro sistema puede permitir el mejor funcionamiento de las economías y el mayor y más generalizado bienestar de las comunidades económicas y del mundo en general.

Este libro está escrito con el propósito de que sirva tanto para profesionales como para legos. Para legos porque podrán comprender la esencia del funcio-

namiento económico sin necesidad de adentrarse en
las teorías de los economistas; y para profesionales
avanzados porque ellos podrán captar mejor que nadie la significación y el alcance de las rectificaciones
y postulados de la crítica keynesiana.

1. LOS POSTULADOS DE LA ECONOMÍA CLÁSICA

En este intento de traer a colación las críticas fundamentales contenidas en la *Teoría general del empleo* como explicación de lo que está sucediendo en casi todas, por no decir todas, las economías del mundo, debemos empezar por el principio, que en este caso es el capítulo 2, titulado "Los postulados de la economía clásica".

Y hemos de empezar por él, no por estar colocado al principio del libro, sino porque es tan fundamental que constituye el punto de arranque de toda la crítica de la teoría clásica. Y hasta podríamos decir que con este solo capítulo se muestra el carácter ficticio de toda la teoría clásica, que los economistas aún pretendemos que sirve de norma y explicación al funcionamiento del proceso económico.

La teoría clásica tiene que partir del supuesto de que el salario real es igual a la productividad marginal del trabajo, y al propio tiempo a la desutilidad marginal del empleo, con lo que la economía tiende al equilibrio y al pleno empleo de la mano de obra disponible. Porque supone que la concurrencia en el mercado entre empresarios y fuerza de trabajo, y la abstención de la oferta de éstos cuando el salario no alcanza la desutilidad marginal del empleo, da lugar a que la oferta de trabajo sea igual a la desutilidad marginal del empleo y la demanda de mano de obra corresponda a su productividad marginal. Y así supone que oferta y demanda en estas condiciones determinan la igualdad del salario real con las mismas.

La simple existencia del desempleo involuntario muestra que el punto de coincidencia con estos supuestos no es realista.

Esta suposición implica naturalmente la proporcionalidad de la participación de la ganancia respecto al crecimiento del producto y al costo primo de la producción, y la tendencia natural al pleno empleo. De ello podemos colegir que la explicación clásica del funcionamiento de la economía en que vivimos es una suposición absolutamente irrealista. Y esto es lo que pone de manifiesto la *Teoría general del empleo* en el capítulo 2 que estamos comentando.

Y así, toda la teoría de la producción, de la distribución y de los precios está construida sobre el supuesto del *pleno empleo*, que no es realista ni lógico suponer que se produzca por el libre juego de las fuerzas económicas.

Si alguna duda hubiera sobre la irrealidad de la suposición del pleno empleo, la secular experiencia de todas y cada una de las economías que funcionan confiadas en este supuesto ficticio demostrarían la inexactitud empírica del razonamiento.

No es ni siquiera racionalmente lógica la suposición de que el retraimiento de la oferta de trabajo, cuando no se cumpla la condición de igualdad del salario real con la desutilidad marginal del empleo puede asegurar un nivel equilibrado del salario. La simple existencia del desempleo involuntario que consiste en que hay trabajadores dispuestos a trabajar al nivel del salario corriente —inferior al del pleno empleo— y que no consiguen trabajo, sería bastante para explicar lo irreal de esta suposición. Pero, por añadidura, si el desempleo determina que el salario no sea igual a las condiciones del salario de equilibrio, tal como los define la teoría clásica, es más lógico suponer, como supone Marx, que los empresarios se detendrán en el punto en que no contando con un "ejército de reserva" suficiente se verían obligados a satisfacer salarios proporcionales a la productividad del trabajo, e iguales a la desutilidad marginal del mismo.

El propio Ricardo desarrolla su teoría de la acumulación bajo el supuesto de un salario dado a un nivel más o menos cercano al nivel de subsistencia gracias a la oferta ilimitada de mano de obra, es decir, al desempleo. Y en consecuencia no puede elaborar una teoría de la acumulación más que acudiendo al supuesto de la renta nominal de la tierra creciente, conforme decrece la productividad de la misma y aumenta la población.

Esto debía haber servido a los economistas posteriores a Marx y a Keynes para comprender que los principios racionales idealistas de la teoría clásica suelen ser una ficción en la realidad de las economías que no permite esperar de su funcionamiento natural las condiciones de equilibrio ni el máximo aprovechamiento de los recursos humanos, naturales y de técnica de que dispone la comunidad, por lo que no se puede conseguir el objetivo de toda economía y de toda sociedad, que ha de ser el crecimiento del bienestar lo más general posible. Y al propio tiempo, para comprender que sólo procurando políticas de *pleno empleo* se puede conseguir el correcto funcionamiento de la economía.

Las políticas de pleno empleo tienen una condición, descrita por la propia teoría clásica: la igualdad del salario real con la productividad marginal del empleo existente. Esto es, sin el crecimiento del salario real proporcionalmente al crecimiento del producto y de la productividad que determina el esfuerzo del trabajo (más o menos asociado al capital), es absolutamente imposible pensar que una economía pueda funcionar sin sus vicios, que son la inflación y el desempleo y que resultan ser las dos caras del mismo fenómeno: la desproporción de la participación de la ganancia respecto al crecimiento del costo primo, del salario. La desproporción de la participación de la ganancia determina, de un lado, la inflación, por romperse la proporción de los precios respecto a los costos y, del otro, el desempleo, por insuficiencia de la demanda efectiva global, que empieza por arrancar en la insuficiencia del salario, para absorber la parte del producto correspondiente al salario mismo.

Y así, todas las políticas económicas que no conduzcan a la realización de los postulados clásicos respecto al salario, esto es, al crecimiento del salario en forma proporcional al crecimiento del producto, son inútiles y las más de las veces contraproducentes, porque acentúan más las condiciones del desequilibrio en la distribución que motiva la imposibilidad de que se den los postulados de maximación del producto que supone la propia teoría clásica.

Es incomprensible que todos los que profesan o dicen profesar de una manera más o menos subconsciente y se inspiran en los principios de la teoría clásica se hayan olvidado de lo fundamental de tal principio, que es la definición del salario real en la forma que lo define la propia teoría clásica.

Otro principio fundamental, consecuencia de la definición clásica del salario real de equilibrio, es el principio clásico denominado Ley de Say, según el cual "la oferta genera su propia demanda" en el máximo nivel de empleo.

Ello haría posible que en los términos de oferta y demanda de cada producto en particular se alcanzara la igualdad en un sistema de precios justos que garantizara la distribución equitativa del producto entre el salario real correspondiente a la productividad marginal del trabajo y la ganancia correspondiente a la productividad marginal del capital acumulado.

Keynes, como es bien sabido, define el principio de la "demanda efectiva" como coincidencia de los precios agregados de la oferta con la demanda; pero este principio se da a cualquier nivel de empleo, con lo cual ni se garantiza el pleno empleo como suponía la teoría clásica, ni la distribución del producto entre los factores es la correspondiente a las condiciones del pleno empleo. Ni los precios resultan ser proporcionales a la condición clásica del salario real. Y, por lo tanto, nada garantiza que los precios sean proporcionales a la productividad del trabajo, tanto directo como acumulado en forma de bienes de capital.

Así pues, si los postulados clásicos no se cumplen en la realidad, y la realidad demuestra que no se suelen cumplir, no es posible, ni las condiciones necesarias para el pleno empleo, ni el máximo aprovechamiento de los recursos humanos, naturales y de técnica disponibles; ni la distribución del producto ha de guardar proporción con la participación de los factores en la obtención del mismo, ni los precios podrán ser estables en términos de unidades de producto o de unidades salario.

Por ser esto tan claro, los que profesan o creen profesar la teoría clásica no han podido encontrar otra explicación de las variaciones de los precios que la irrealista teoría cuantitativa del dinero.

Nadie se podrá explicar, ni en las generaciones presentes ni futuras, cómo los economistas hemos podido olvidar tan claras enseñanzas.

Keynes pone precisamente de manifiesto que no hay caminos para que los asalariados se abstengan de ofrecer su trabajo al descender el salario real, porque incluso lo ignoran, ya que éste va a ser determinado por la variación de los niveles de los precios. Y explica el hecho del desempleo por el irrealismo del supuesto de que el salario real sea siempre igual a la productividad marginal del mismo y a la desutilidad marginal del empleo.

I

Nada de lo que está escrito en el subcapítulo anterior es otra cosa que la expresión imperfecta de los postulados críticos de la *Teoría general del empleo*, contenidos en el capítulo 2 que comentamos y que pasamos a relatar en sus expresiones fundamentales como traducciones del original o resúmenes del mismo, que se inscriben en letra cursiva. Esto no tiene otro objeto que hacer ver la necesidad de leer y releer concienzudamente la *Teoría general del empleo*.

"Las más de las teorías del valor y de la producción conciernen primariamente con la distribución de un volumen dado de recursos empleados entre diferentes

usos y con las condiciones que, asumiendo el empleo de esta cantidad de recursos, determinan su retribución relativa y el valor relativo de su producto."[1]

La simplicidad clásica de la teoría del empleo está basada en dos postulados fundamentales que especifica Keynes:

i] *"El salario real es igual a la productividad marginal del trabajo, es decir, el salario de una persona empleada es igual al valor que se perdería si el empleo fuera reducido por una unidad [. . .] sujeto sin embargo a la cualificación de que la igualdad pueda ser perturbada, de acuerdo con ciertos principios, si la competencia en el mercado fuera imperfecta."*

ii] *"La utilidad del valor del salario a un volumen dado de trabajo empleado es igual a la desutilidad marginal del volumen del empleo."*

Es decir, el salario real puede ser justamente suficiente (en la estimación de la propia persona empleada) para que se mantenga el actual volumen de empleo, sujeto a la calificación de que la igualdad para cada unidad individual de trabajo pueda ser perturbada por combinaciones entre unidades empleables análogas, por imperfecciones de la competencia [. . .] La desutilidad debe entenderse por toda clase de razones que pueden mover al trabajador a retirar la oferta de su trabajo, en vez de aceptar un salario que pueda tener una utilidad inferior a un cierto mínimo.[2]

Los postulados de la teoría clásica no admiten la posibilidad del desempleo "involuntario".

Keynes define el desempleo involuntario más adelante, en la página 15.

La teoría clásica define el volumen del empleo por dos postulados; el primero determina la demanda, el segundo la oferta, y el volumen del empleo es el punto en que la productividad marginal se equilibra con la desutilidad marginal del empleo.

De ello se sigue que las únicas posibilidades de in-

---

[1] J.M. Keynes, *op. cit.*, cap. 2, p. 4.
[2] *Ibid.*, pp. 5 y 6.

crementar el empleo son los siguientes:

a] Una mejora en la organización o en las previsiones que permita reducir el desempleo "friccional".

b] Un decrecimiento en la desutilidad marginal del trabajo como expresión del salario real que permita mantener mayor oferta de trabajo y reducción del desempleo "voluntario".

c] Un aumento en la productividad marginal física del trabajo en las industrias de producción de bienes-salario.

d] Un incremento en los precios de los bienes-no salario, comparados con los precios de los bienes-salario. (Ésta es la interpretación keynesiana de la teoría del profesor Pigou, en su Teoría del desempleo.*)*[3]

II

Estas categorías de explicación del incremento del empleo sonarían razonables teniendo en cuenta que por lo común es raro que toda la población que deseara trabajar a salario corriente esté empleada. El hecho es que la demanda para salarios se satisface antes de haber dado trabajo a todos los trabajadores que quisieran trabajar a salario corriente. La teoría clásica encuentra la explicación en que tácita o abiertamente los asalariados se ponen de acuerdo para no trabajar a un salario monetario menor, mientras que si aceptaran esta reducción la demanda de empleo aumentaría.

Si éste fuera el caso, el desempleo no podría calificarse de desempleo involuntario sino voluntario, debido a la negociación colectiva de los contratos de trabajo.

Ello nos lleva a dos observaciones: lu primeru relacionada con la verdadera actitud de los trabajadores con respecto al salario real y monetario respectivamen-

---

[3] *Ibid.*, pp. 6 y 7.

te y que no es teóricamente fundamental.[4]

Si se supone, por el momento, que los trabajadores no están dispuestos a trabajar por un salario monetario bajo y que se retiran del mercado de trabajo; esto no quiere decir que el salario real coincida por ello con la desutilidad marginal del trabajo. El precio de los bienes salario del que depende el salario real está determinado por el nivel general de los precios. La escuela clásica ha supuesto tácitamente que no hay cambio en los niveles de los precios y eso no es así. Porque si se supone que el salario real es el único determinante, el empleo actual sería indeterminado. No parece que hayan comprendido esto, a menos que supongan cambios en los salarios monetarios y en los salarios reales, los cuales pueden estar relacionados en una industria en particular pero no en el conjunto del sistema de la economía. Los cambios entre los salarios monetarios y reales por lo común son en dirección opuesta y no en la misma dirección. Los salarios monetarios aumentan y suele bajar el salario real, el salario monetario baja y el salario real puede crecer. Y ello es porque en cortos períodos el salario real y el monetario son independientes, están determinados por razones independientes, atribuidas al decreciente rendimiento del capital, a corto período. El salario real existente es un mínimo por abajo del cual no aumentaría el empleo; pero sería absurdo suponer que éste permanece invariable. Suele haber trabajo disponible a un nivel dado del salario monetario existente aunque el salario real esté bajando, por lo que no se puede decir que el equivalente del salario monetario con las mercancías-trabajo sea una justa medida de la desutilidad marginal del empleo. Y por lo tanto el segundo postulado clásico no se sostiene.

Pero ésta no es la objeción fundamental al segundo postulado de la escuela clásica. Las negociaciones de trabajo se llevan generalmente en términos de salario monetario y aunque el salario real aceptable por los trabajadores pueda guardar una cierta relación con el ni-

---

[4] *Ibid.*, pp. 7 y 8.

vel del salario monetario esta relación no nos lleva a la suposición de que el nivel del salario real depende de las negociaciones entre empleadores y empleados a base del salario monetario. La teoría clásica ha enseñado que los niveles de los precios están gobernados por el costo primo marginal, el cual depende especialmente del salario monetario. Los precios gobiernan los salarios y el empleo, suponiendo que el salario real permaneciera sin cambio y tanto éste como el empleo fueran prácticamente inalterados. Y a esta suposición se llega, en parte por suponer que los trabajadores están en condiciones de conocer su salario real y en parte por la preocupación de que los precios están afectados por la cantidad monetaria. Y por lo tanto que los trabajadores están en condiciones de determinar cuál va a ser el salario real al que se quisieran contratar.[5]

Para resumir, hay dos objeciones al segundo postulado de la teoría clásica. La primera se refiere al comportamiento real del trabajo. Una disminución de los salarios reales debido a un alza de los precios, con salarios monetarios constantes, por lo general no origina que la oferta de trabajo, al salario actual, caiga por debajo del nivel de empleo existente antes del alza de precios.

Pero la otra objeción, que es más fundamental, se sigue de que no aceptamos el supuesto según el cual el nivel general de salarios reales se determina de acuerdo con la contratación laboral. Puede no existir forma alguna para que los trabajadores en conjunto reduzcan su salario real a un determinado nivel, mediante revisiones en los salarios nominales.

Puesto que hay una imperfecta movilidad del trabajo, cualquier individuo o grupo de individuos que acepte una reducción en salarios monetarios relativamente a otros, sufrirá una reducción relativa en salarios reales, lo cual es justificación suficiente para resistirse a ello.[6]

[5] *Ibid.*, pp. 9 y 10.
[6] *Ibid.*, p. 14.

Por otra parte, sería irrazonable resistir a cada reducción de los salarios reales por cambio del poder adquisitivo del dinero, que afecta a todos los trabajadores. Una resistencia a una reducción de salarios nominales en una industria en particular no representa tan insuperable barrera, respecto a la reducción de los salarios reales. Pero en lo general la lucha por los salarios nominales afecta primordialmente la distribución entre los diferentes grupos pero no el promedio del empleo, lo cual, como veremos, obedece a diferentes factores.

El efecto de las combinaciones de los grupos es proteger su salario real *relativo*, pero el nivel *general* del salario real depende de otras fuerzas.

III

Es afortunado que consciente o inconscientemente los asalariados tiendan a defender su salario nominal; ya que una reducción en los salarios reales va asociada con reducciones en el nivel general del empleo (a menos que la reducción sea tan grave que afecte fuertemente el salario real por debajo de la desutilidad marginal del empleo existente). Los sindicatos resisten a una pequeña variación de los salarios monetarios, pero no se producen huelgas por un pequeño aumento del costo de la vida.[7]

IV

Habrá desempleo involuntario cuando ante una pequeña alza en el precio de los bienes salario relativamente

[7] *Ibid.*, pp. 14 y 15.

al salario monetario, tanto la oferta como la demanda de trabajo a ese nivel de salario sean superiores al empleo existente.[8]

La condición del segundo postulado de la escuela clásica implica que no puede haber desempleo involuntario. Por lo tanto, la existencia del desempleo pone de manifiesto que dicho postulado no se cumple en la realidad. De ello resulta que la teoría de la distribución fundada en el postulado clásico que comentamos no se mantiene en cuanto no hay pleno empleo.

Si como suponen los simpatizantes de la teoría clásica el desempleo involuntario se puede reducir aceptando un salario inferior, esto implica que el salario no tiene la condición de ser igual al supuesto del primer postulado clásico, y entonces ya no hay una teoría válida de la distribución que asegure el equilibrio. Y al propio tiempo se explica el "desempleo involuntario" en su estricto sentido.

Si se acepta el principio generalmente admitido de que el salario real guarda una correlación única e inversa con el volumen del empleo, y por lo tanto éste desciende conforme el empleo aumenta (en corto período en el que se supone no hay cambios en el equipo ni en la técnica), se advierte fácilmente que la reducción de los salarios nominales no puede ser un remedio para el desempleo. A la vez que la productividad marginal del trabajo declina cuando el empleo aumenta.

V

Y con esto podemos llegar a exponer en este subcapítulo v (que se corresponde con el subcapítulo vi del capítulo 2, de la *Teoría general del empleo*) una explicación más fundamental o global del irrealismo de los supuestos de la economía clásica en la práctica de las economías en que vivimos.

[8] *Ibid.*, p. 15.

Desde los tiempos de Say y de Ricardo se viene enseñando el principio según el cual la oferta crea su propia demanda. Como corolario de esta doctrina, la teoría clásica supone que la abstención del consumo lleva necesariamente a emplear mano de obra y mercancías en la inversión en bienes de capital.

Esta doctrina ha seguido persistiendo sin modificaciones en los escritores contemporáneos, incluso aquellos posteriores a la primera guerra mundial, no obstante que las crisis de desempleo hubieran debido hacer pensar en la necesidad de corregir tal doctrina.

El principio de la demanda efectiva, según el cual el precio de la demanda tiene que ser igual al costo agregado de la oferta, puede considerarse indefectible, pues de otro modo ni tendría sentido la producción cuyo último fin es el consumo, ni sería posible al propio tiempo que el juego de la demanda al adquirir las mercancías haga posible el pago de los costos de la oferta.

Sin embargo, Keynes hace notar la imprecisión con que está formulado este principio, que resulta ser indeterminado por infinito, como hacemos notar en otro lugar.[9] La función consumo keynesiana según la cual el consumo crece con el ingreso, pero en menor magnitud, permite precisar el monto del efecto multiplicador de la interacción de la producción y el consumo y cuantificarlo en la forma que trataremos de especificar en el capítulo siguiente ("Teoría de la producción").

La segunda parte de la doctrina, o sea lo que hemos denominado corolario, constituye una suposición irrealista porque nada asegura que la abstención del consumo represente incremento de la inversión. Y, hasta Keynes, no parece que los economistas que siguen esta doctrina se hayan dado cuenta de que puede ser y suele ser así, con lo cual se halla una explicación del desempleo que no podía explicar ni comprender

---

[9] Antonio Sacristán Colás, *Principios esenciales del crecimiento económico*, Madrid, Moneda y Crédito, 1973.

la teoría clásica. A pesar de la existencia de numerosas crisis de desempleo (más o menos recurrentes o alternativas que se trataban de explicar dentro de la teoría de los ciclos económicos), se ha seguido manteniendo tan irrealista doctrina. Y, en consecuencia, la natural conclusión keynesiana es que el principio de la demanda efectiva es válido, pero válido a cualquier nivel de empleo, sin que este principio garantice el aprovechamiento íntegro de los recursos humanos, naturales y de técnica, ni que la abstención del consumo que se pueda calificar más o menos de ahorro determine necesariamente la inversión para equilibrar la demanda efectiva al punto máximo que permite el pleno empleo. Y con ello Keynes abre la puerta al hecho del desempleo y a la posibilidad de analizar las razones que pueden determinarlo y hacer que lo que no se gasta en consumo no se emplee necesariamente en inversión en nueva producción.

Si por una comprensión mejor de la realidad de los fenómenos económicos o por un comportamiento de los sujetos económicos que actuaran en "perfecta previsión", en vez de "previsión inmediata", o por un cuerpo de políticas económicas más adecuadas, se lograra efectivamente que el corolario se cumpliera, la teoría clásica resultaría comprobada en la realidad: no solamente el principio de la demanda efectiva determinaría el máximo empleo, sino que también en el pleno empleo se cumplirían los postulados respecto al salario real, que son la base de la teoría de la distribución clásica; o, lo que es lo mismo, si por méritos del comportamiento de los empresarios o de las políticas económicas el salario real alcanzara las condiciones que determinan los supuestos postulados por la teoría clásica a que nos hemos venido refiriendo, las economías alcanzarían el equilibrio y el pleno empleo.

La demostración del irrealismo de la doctrina clásica no puede ser más contundente. Si la diferencia del ingreso no consumido no se emplea en inversión productiva surgirá necesariamente el desempleo y la insuficiencia de la demanda efectiva, aunque la demanda sea necesariamente igual al costo de la oferta. Y al propio tiempo no se cumplirán los postulados de distribución que significan que el salario real sea igual a la desutilidad marginal del empleo y a la productividad marginal del trabajo, que solamente se vienen a realizar en el supuesto de pleno empleo. O, lo que es lo mismo, si los supuestos y los postulados I y II que hemos comentado respecto al salario no se cumplen, no puede producirse el fenómeno del pleno empleo, ni se puede dar el caso de que la demanda efectiva sea suficiente porque se complete la deficiencia del consumo respecto al ingreso, con destinar la abstención del consumo a la inversión en bienes de capital. Y en esto consiste el juego fundamental de la explicación keynesiana del desempleo y por lo tanto la invalidez práctica de confiar en que los postulados de la teoría clásica se realicen por sí solos.

Si para explicar el buen funcionamiento de una economía establecemos unos supuestos que no son realistas, es claro que a la luz de estos principios sólo puede surgir el mal funcionamiento de la economía.

Si el salario real no corresponde a la productividad marginal del trabajo, la ganancia tiene que ser desproporcionada al costo primo, y eso es la inflación; al propio tiempo, la insuficiencia del salario respecto a su productividad determinará la insuficiencia de la demanda efectiva que por sí sola generaría desempleo, salvo que la demanda D_1 se complemente con la demanda D_2 para inversión, para generar el pleno empleo, en cuyo caso los principios de equilibrio en la distribución resultarían cumplidos en la realidad (si no hubiera otras causas monetarias que influyen en el retraimiento de la inversión respecto al déficit del consumo).

VI

Se pueden resumir los postulados clásicos a que nos hemos referido en los siguientes puntos:[10]

1] El salario ha de ser igual a la desutilidad marginal del empleo existente.

2] No existe el desempleo involuntario.

3] La oferta crea su propia demanda en el sentido de que el precio agregado de la demanda es necesariamente igual al precio agregado de la oferta, a cualquier nivel de empleo.

Estos tres postulados están tan interrelacionados lógicamente que el mantenimiento o la falta de uno de ellos implica el de los otros dos.

Es decir, si no se cumple el primer postulado —y en la realidad no se suele cumplir— hay campo para el desempleo involuntario, no obstante que el principio de la demanda efectiva pueda ser válido, pero sin que éste garantice como suponía la teoría clásica el pleno empleo, sino que el precio de la oferta agregada es igual al precio de la demanda agregada, cualquiera que sea el nivel de empleo. Por consiguiente, se cumple el principio en condiciones de desempleo, lo que hace posible la existencia del desempleo involuntario.

No es pues posible fiar y confiar el desenvolvimiento normal y el buen funcionamiento de la economía a la realización de estos supuestos teóricos de la economía clásica, que la realidad demuestra que no se suelen cumplir; y la mejor demostración de que no se cumplen es la existencia del desempleo.

---

[10] J.M. Keynes, *op. cit.*, cap. 2, pp. 21-22.

2. TEORÍA KEYNESIANA DE LA PRODUCCIÓN

Prácticamente la teoría de la producción no ha sido formulada con precisión hasta la *Teoría general del empleo*. Y ello es porque suponiendo la teoría clásica que con el principio de ajuste del salario real a la desutilidad marginal del empleo y a la productividad marginal del trabajo (tal como hemos comentado en el capítulo anterior) la economía tendería siempre al máximo aprovechamiento de los recursos humanos, naturales y de técnica no tenía caso formular variantes en la teoría de la producción. Como, además, la distribución del producto, en la proporción en que los factores se combinan en el proceso productivo, estaba asegurada por el mecanismo de la distribución supuesto por la neoclásica, y como por otra parte el principio de que la oferta genera su propia demanda suponía el pleno empleo, no había lugar para formular variante alguna de la teoría de la producción.

I

Keynes parte del principio axiomático de que la producción la genera el empleo y como hay una demanda efectiva para cada nivel de empleo, la producción y el empleo dependen de la inversión y de que ésta determine la producción de bienes de equipo de capital bastante para complementar el déficit de la demanda efectiva a que da lugar la propensión marginal a consumir, que implica que el consumo no crezca en la misma magnitud que el ingreso.

Y así la demanda efectiva correspondiente a cada nivel de empleo está distribuida en producción de bienes de consumo e inversión en bienes de capital.

Se comprende mejor esta idea si se tiene en cuenta otro axioma fundamental: el capital es también un bien producido por la mano de obra; el capital es trabajo y tierra ahorrados, según la expresión de Wicksell.

En síntesis: es necesario destacar, aunque sea sobradamente conocido, que *el producto y el ingreso los determina el empleo*. Y para que la demanda efectiva no sea insuficiente, se requiere que la inversión complemente la diferencia entre el ingreso y el consumo, que resulta de la propensión marginal a consumir menos que la unidad.

Así pues, el producto lo determina el empleo, el nivel de empleo lo determina la inversión, y la demanda efectiva será suficiente si la demanda para consumo D_1 se complementa bastante con la demanda D_2, que significa la demanda de mano de obra empleada en la producción de bienes de capital.

La producción y el empleo no son pues un accidente que no se pueda orientar ni estimular mientras haya fuerza de trabajo disponible. Basta que la inversión sea suficiente para generar una demanda efectiva tan alta como se desee, si se tienen en cuenta los mecanismos que inducen el proceso de inversión.

La diferencia fundamental con la teoría clásica consiste en que ésta no especifica una función consumo, sino que la función consumo está determinada por la función producción, es decir por la distribución del producto entre los factores, y supone también que automáticamente no es consumo en lo que se gastará el exceso del ingreso global en bienes de capital y en proporción a las respectivas participaciones de ambos factores, capital y trabajo, en el producto. El supuesto ficticio de la teoría clásica es que siempre hay pleno empleo y distribución correcta del producto entre los factores, así como de las magnitudes correspondientes al consumo y a la inversión.

En estas condiciones es correcta la afirmación de Mill, según la cual, si se dobla la producción, se dobla el consumo y puede aumentar la producción, y así resultan crecientes la producción, el consumo y la inversión, pero indeterminados por infinito. En cambio, en la teorética keynesiana, la función consumo no crece exactamente en la magnitud del crecimiento del ingreso, y la inversión es una variable independiente; lo cual, además de ser más realista, es más lógico y comprensible.

Así pues, para exponer una teoría de la producción, tal como Keynes pone de manifiesto que acontece en la economía en que vivimos, es menester:

1. Recordar el axioma de que el producto es consecuencia del empleo.

2. La rectificación del concepto clásico de que la oferta genera su propia demanda, por el concepto de demanda efectiva keynesiana, donde a cada nivel de empleo corresponde un nivel de demanda efectiva.

3. "La función empleo" que expresa las variaciones en éste como consecuencia de las de la demanda efectiva.

4. La propensión marginal a consumir, la función consumo keynesiana que expresa que el consumo crece con el ingreso pero en menor proporción; y el multiplicador como recíproco del complemento de la propensión al consumo.

5. La inversión como variable independiente, que en este capítulo vamos a considerar como dada, dejando el análisis de los determinantes de la inversión para otro capítulo en que los trataremos por separado, y después de haber analizado la teoría keynesiana de los precios.

II

Lo expuesto en el subcapítulo anterior es de sobra sabido y conocido, aunque no está de más recordarlo, pues con frecuencia se olvida. Importa a los efectos de este trabajo señalar las expresiones más importantes de la *Teoría general del empleo* a este respecto, con el propósito de incitar a su lectura completa.

1. No tiene caso insistir en aclaraciones del principio axiomático de que el *producto lo genera el empleo de mano de obra*. Y por lo tanto vamos a comenzar el tratamiento del tema con el análisis del *principio de la demanda efectiva*, que está descrito en el capítulo 3 de la *Teoría general del empleo*.

2. El volumen de empleo determina la *demanda efectiva*, que expresa el punto de intersección entre la función $Z = \Phi(N)$, oferta agregada, y $D = f(N)$, demanda agregada.[1]

Para que la demanda efectiva represente un punto de equilibrio es menester que el monto de la demanda D_1 para consumo (sujeta al principio de la propensión marginal a consumir) sea completado con D_2, que es la demanda para inversión. Luego el nivel de la demanda efectiva D y del empleo depende del nivel de la inversión D_2.

Como ésta es la esencia de la *Teoría general del empleo*, Keynes anticipa en forma sumaria lo que después va a desarrollar en el curso de su obra, en las siguientes proposiciones:

1. *En un estado de técnica, recursos y costos dado, el ingreso monetario y real dependen del volumen del empleo N.*

2. *La relación entre la parte del ingreso de la comunidad que será gastada en consumo D_1 dependerá de la propensión marginal a consumir, es decir, del ingreso agregado y por lo tanto del nivel del empleo N, si no hay cambios en la propensión a consumir.*

3. *El monto del trabajo N que los empresarios deciden emplear depende de la suma (D) de dos cantidades (D_1), el monto que piensan dedicar a su consumo y D_2, el que esperan dedicar a la inversión. D es lo que llamamos demanda efectiva.*

4. *Puesto que $D_1 + D_2 = D = \Phi(N)$, siendo Φ la función de la oferta agregada y puesto que D_1 es función*

---

[1] J.M. Keynes, *op. cit.*, cap. 3, p. 25.

de N, que se describe como χ *(N), dependiendo de la propensión a consumir, resulta que* Φ *(N)* − χ *(N)* = D_2.

5. *El volumen del empleo en equilibrio depende de (i) la función de la oferta agregada, (ii) la propensión al consumo, y (iii) el volumen de la inversión.*

6. *Para cada valor de (N) existe una productividad marginal correspondiente del trabajo en mercancías-salario (que es lo que determina el salario real). Por lo tanto, el punto (5) está sujeto a la condición de que N no puede reducir el salario real para que iguale a la desutilidad marginal del trabajo. Ello significa que no todos los cambios en D son compatibles con la suposición temporal de que todos los salarios en dinero son constantes.*

7. *En la teoría clásica, en la cual D* = Φ *(N) para todos los valores de N, el volumen de empleo está en equilibrio neutral para todos los valores de N menos el valor máximo, esto es, que los empresarios pueden esperar llevar al máximo su valor. Solamente en este punto la teoría clásica puede mantener el equilibrio estable.*

8. *Cuando el empleo aumente, D_1 aumentará, pero no por la misma suma que D, puesto que el consumo no aumenta en la misma proporción.*

Por lo tanto, cuanto mayor sea el volumen del empleo mayor será la distancia entre la oferta agregada (Z), correspondiente a una producción, y la suma de consumo (D_1). Si no hay cambios en la propensión al consumo, el empleo no podrá aumentar a menos que D_2 esté aumentando para cubrir la diferencia entre Z y D, salvo la suposición clásica de que existan fuerzas que den lugar a que D_2 aumente lo suficiente para corregir la distancia creciente que separa a Z de D_1. El volumen del empleo no está pues determinado por la desutilidad marginal del trabajo. La propensión a consumir y la tasa de inversión determinarán que el volumen del empleo guarde una relación única con un nivel dado de los salarios reales, y no en el sentido contrario. La propensión al consumo y la tasa de inversión a una insuficiente demanda efectiva da lugar a un ni-

*vel del empleo corto para la oferta de trabajo poten-
cialmente disponible al salario real existente, mayor
que la desutilidad marginal del trabajo.*[2]

1. La función empleo

Para completar el argumento de la interrelación del
empleo con la demanda efectiva, conviene examinar
el capítulo 20 de la *Teoría general del empleo*, titulado "La función empleo". *La función empleo no es más
que tomar a la inversa la relación de la demanda efectiva como función del empleo y expresarla en términos de unidades salario.*

*El objeto de la función empleo sería relacionar el
monto de la demanda efectiva —medida en términos
de unidades salario— dirigida a una industria dada o
una firma en particular o a la industria como conjunto, con el nivel del empleo, la función oferta del producto, para compararlo con el monto de la demanda
efectiva.*

*Así, si el monto de una cifra de demanda efectiva,
D_{wr}, medida en términos de unidades salario, dirigida
a una firma o industria, da lugar a un aumento de empleo N_r en la firma, la función empleo estaría dada por
$N_r = F_r(D_{wr})$. O, más generalmente, si estamos autorizados a suponer que D_{wr} es una única función total de
la demanda efectiva D_w, la función empleo está dada
por $N_r = F_r(D_w)$, es decir, se emplearían N hombres en
una industria r cuando la demanda efectiva es D_w.*[3]

Para Keynes, la función empleo sólo se diferencia
de la función de la oferta agregada en que es su inversa y está definida en términos de unidades salario, que
es un método de cuantificación más razonable que
cualquier otra medida imprecisa de la producción.

*Para cada nivel de demanda efectiva, medida en tér-
minos de unidades salario, habrá un correspondiente*

[2] *Ibid.*, pp. 28-30.
[3] Keynes, *op. cit.*, cap. 20, p. 280.

*empleo agregado y la demanda efectiva estará dividi-
da en una determinada proporción de consumo e
inversión.*[4]

*Cada nivel de la demanda efectiva depende de una
determinada distribución del ingreso. Es razonable suponer que a cada nivel de la demanda efectiva corresponde una única distribución entre las diferentes
industrias.*

*Ello nos permite suponer qué nivel de empleo co-
rresponde a cada industria, en particular a su valor
agregado. Dado el nivel de empleo en cada industria
en particular, correspondiente a cada nivel de la demanda efectiva, medida en términos de unidades salario,
nos permite establecer una segunda formulación de la
función empleo, a saber: $N_r = F_r(D_w)$, que quiere decir
que los particulares niveles de empleo son aditivos.*

$$F(D_w) = N = \Sigma N_r = \Sigma F_r(D_w).$$

*Definamos ahora la elasticidad de empleo para una
industria en particular*[5] $e_{er} = \dfrac{d\,N_r}{d\,D_{wr}} \cdot \dfrac{D_{wr}}{N_r}$ *que significa la respuesta en número de trabajadores empleados
en la industria a los cambios en las posibilidades de
adquirir la producción. La elasticidad de empleo por
una industria en general, puede ser escrita*

$$e_e = \frac{d\,N}{d\,D_w} \cdot \frac{D_w}{N}\,.$$

*En tanto que no encontremos un método suficiente-
mente satisfactorio de medir la producción o el producto, podemos usar la elasticidad de respuesta del empleo
en una industria, al aumento de la demanda efectiva*[6]

$$e_{or} = \frac{d\,O_r}{d\,D_{wr}} \cdot \frac{D_{wr}}{O_r}\,.$$

Si suponemos que los precios son iguales al costo
primo marginal:

[4] *Ibid.*, p. 281.
[5] *Ibid.*, p. 282.
[6] *Ibid.*, p. 283.

$$\Delta D_{wr} = \frac{1}{1 - e_{or}} \Delta P_r^{[7]}$$

donde P_r es la ganancia esperada y en consecuencia si $e_{or} = 0$, es decir, si la producción de la industria es perfectamente inelástica, el conjunto de la demanda efectiva en términos unidades salario, puede esperarse que aumente en beneficio de los empresarios; mientras que si $e_{or} = 1$, esto es si la elasticidad de la producción es la unidad, una parte del incremento de la demanda efectiva, se puede esperar que aumente como beneficio, y el conjunto de ellos serán absorbidos por los elementos que entran en el costo primo marginal.[8]

Si la elasticidad de la producción es unitaria, quiere decir que se esperan rendimientos constantes en respuesta al incremento del empleo.

Así pues, con la suposición clásica de que el salario es igual a la desutilidad marginal del trabajo y éste aumenta cuando el empleo aumenta, y la oferta de trabajo se reduce al reducirse el salario, no es posible aumentar el gasto en términos de unidades salario. Si esto fuera cierto, el concepto de elasticidad del empleo no tendría campo de aplicación. Como esta suposición no se mantiene, la posibilidad de incrementar el empleo, por aumento del gasto en términos de dinero, es imposible.

La elasticidad e_{or} tiene un valor intermedio entre 0 y la unidad. La medida en que los precios aumentan en términos de unidades salario, esto es, la medida en que el salario real baja, cuando el gasto en dinero aumenta, depende de la elasticidad de la producción en respuesta al gasto en términos de unidades salario.

Expresemos la elasticidad de los precios p_{wr} en respuesta a los cambios de demanda efectiva D_{wr},

$$\frac{d\, p_{wr}}{d\, D_{wr}} \cdot \frac{D_{wr}}{p_{wr}},$$

---

[7] La demostración de esto se puede consultar en *loc. cit.*, nota 1.
[8] J.M. Keynes, *op. cit.*, cap. 20, p. 283.

llamándola e'$_{pr}$.

Puesto que $O_r \cdot p_{wr} = D_{wr}$, tenemos que:

$$\frac{d\, O_r}{d\, D_{wr}} \cdot \frac{D_{wr}}{O_r} + \frac{d\, p_{wr}}{d\, D_{wr}} \cdot \frac{D_{wr}}{p_{wr}} = 1$$

o bien,

$$e'_{pr} + e_{or} = 1$$

y la suma de la elasticidad de los precios y la elasticidad del producto como respuesta a los aumentos de la demanda efectiva, es igual a la unidad. La demanda efectiva se reparte entre aumento de los precios y aumento del producto.

Si en lugar de medir en unidad salario, medimos en salario monetario por unidad de trabajo, llamando W al salario en dinero de una unidad de producto, entonces podemos escribir que la elasticidad de precios monetarios frente a variaciones de la demanda efectiva en términos monetarios es $e_w\left(= \dfrac{D\, d\, W}{W\, d\, D} \right)$, *para elasticidad en los salarios monetarios frente a cambios en la demanda efectiva en términos monetarios.*

Por lo que se muestra fácilmente[9] que

$$e_p = 1 - e_o\, (1 - e_w)$$

Si $e_o = 0$ *o* $e_w = 1$, *la producción queda inalterada y los precios aumentan en la misma proporción de la demanda efectiva. En otro caso crecerán en menor proporción.*[10]

Estas conclusiones están sujetas a ciertas consideraciones en la práctica que no alteran lo fundamental del argumento y que están expresadas en el capítulo 20, III.

[9] La demostración puede verse en J.M. Keynes, *op. cit.*, p. 285, nota 1.

[10] *Ibid.*, pp. 284-286.

2. La propensión al consumo y el multiplicador

A. Para completar la teoría keynesiana de la producción necesitamos tomar en consideración la propensión al consumo y el efecto multiplicador. La versión clásica del principio de la demanda efectiva —*la oferta crea su propia demanda*— no daba lugar a insuficiencia ni a exceso de la demanda efectiva —tal como lo hemos descrito en la sección 1 de este capítulo— porque la escuela clásica no había tomado en consideración una propensión o función consumo, independiente de la función producción, y según la cual el consumo crece con el ingreso, pero en menor magnitud que el ingreso mismo. Y por lo tanto la demanda efectiva para consumo, D_1, necesita completarse con la parte del ingreso que no se gastó en consumo para destinarlo a la inversión. Y, a su vez, la contraparte de la función consumo es el efecto multiplicador, según el cual todo incremento de la inversión, multiplicado por el recíproco del complemento de la propensión al consumo, incrementa el empleo y el ingreso.

La versión clásica del principio de la demanda efectiva implicaba, como hace notar Stuart Mill, un efecto multiplicador: si el producto doblaba, el consumo doblaba. Pero este efecto multiplicador quedaba indeterminado por infinito. Mientras que en la versión keynesiana, de una propensión marginal al consumo mayor que 0 y menor que la unidad, el incremento del consumo relativamente al incremento del ingreso, permite multiplicar el ingreso, el ahorro, y por tanto el consumo.[11]

En lo que se refiere a la descripción de la teoría de la producción keynesiana, nos interesa tomar en cuenta con mayor detalle el efecto multiplicador, para lo cual tenemos que empezar por recordar los principios de la función consumo.

El que el consumo no crezca en la misma medida

---

[11] J.M. Keynes, *op. cit.*, cap. 8, pp. 89-106.

que el ingreso y el producto produce la insuficiencia
de la demanda efectiva que no podía suponer la escuela
clásica; además del efecto multiplicador que resulta
del crecimiento del consumo, en función del crecimiento del ingreso.

La función consumo es un hecho real del comportamiento de los sujetos económicos conforme, como
señala Keynes, a una ley psicológica humana. Y al propio tiempo resuelve el problema que no había podido
resolver la teoría clásica, de la contraposición de consumo y ahorro: el consumo crece con el ingreso pero
no en la misma magnitud y ello permite que el ahorro
pueda crecer también con el ingreso.

Que el consumo crezca con el ingreso, significa el
axioma de la demanda efectiva, ley de Say: "la oferta
crea su propia demanda". Pero supone que el producto aumenta la demanda y el consumo, en forma indeterminada por infinita, la magnitud del multiplicador.
Si el consumo no creciera con el producto, no podría
haber demanda efectiva; pero si creciera en la misma
magnitud, no podría haber ahorro-inversión, ni sería
determinable el multiplicador.

La teoría del comportamiento del consumo o *función consumo* es la que supone Keynes determinada
por motivos objetivos y subjetivos. La realidad nos
muestra que si no se alcanza la situación de pleno empleo, hay que suponer que la insuficiencia de la demanda efectiva tiene que obedecer a que la inversión no
es la proporcionada a la función consumo, y por consiguiente ello hace descender el efecto de la inversión
en la creación de empleo y de la demanda efectiva que
pueda sostener el volumen de empleo.

La versión clásica del pleno empleo se podría alcanzar si se supusiera que, de una manera automática, la
proporción de la inversión correspondiera a la proporción del ahorro como diferencia entre crecimiento del
ingreso y crecimiento del consumo, determinada por
la propensión a consumir.

"La función agregada de la oferta depende de condiciones físicas, y no requiere consideraciones especia-

les que no sean familiares", y que ya hemos descrito al tratar la función empleo.

La función demanda agregada se refiere a cómo se distribuyen los resultados del empleo en dos cantidades: la destinada al consumo y la destinada a la inversión.

Los factores o elementos que gobiernan la determinación del consumo están comprendidos en el concepto propensión a consumir. Y ello no quiere decir, como suponía la escuela clásica, que el no consumo se corresponda necesariamente con la inversión. "Los factores que gobiernan estas dos cantidades son ampliamente diferentes."

Vamos a referirnos aquí a los determinantes del consumo.

Aunque es clara la relación de consumo C con el nivel de empleo N, Keynes desarrolla una función especial y relaciona el crecimiento del consumo, medido en unidades salario, con el crecimiento del ingreso, medido también en unidades salario, C_w y Y_w. Esta relación es la que denominamos función consumo.

Aunque el ingreso medido en unidades salario (Y_w), está únicamente determinado por el volumen del empleo N, es menester expresar la función consumo más específicamente por la propensión marginal a consumir[12] $\dfrac{d\,C_w}{d\,Y_w}$.

La experiencia muestra que una comunidad acostumbra incrementar su consumo conforme incrementa su ingreso; pero el consumo no aumenta en la misma medida que el ingreso. Y ello por razones objetivas y subjetivas que especificaremos después.

La función consumo tiene un doble efecto: la determinación de la parte del ingreso que se acostumbra gastar en consumo, y el efecto *multiplicador* de la inversión.

ΔC_w tiene el mismo signo que ΔY_w, pero es menor

[12] *Ibid.*, p. 96.

en magnitud, es decir $\dfrac{d\,C_w}{d\,Y_w}$ es positiva y menor que la unidad.

Las razones objetivas y subjetivas de este comportamiento del consumo, relacionadas por Keynes, son suficientemente conocidas, y no es menester más que enunciarlas someramente.

Entre las razones objetivas cuentan las siguientes:[13]

1. *Un cambio en la unidad salario.*

2. *Un cambio en la diferencia entre ingreso e ingreso neto.*

3. *Cambios inesperados en el valor del capital.*

4. *Cambios en la tasa de variación de la relación bienes presentes y bienes futuros.*

5. *Cambios en la política fiscal.*

6. *Cambios en las expectativas sobre la relación entre el nivel presente y el futuro del ingreso.*

Podemos considerar que la función consumo tiende a ser razonablemente estable, para definir la relación entre el crecimiento del ingreso y el del consumo.

El hecho es que en una situación general dada, el gasto en consumo, expresado en unidades salario, depende en lo esencial del volumen del producto y del empleo. El ingreso total medido en unidades salario es por lo común la principal variable de la que depende el consumo considerado en su conjunto, que expresa la parte de la demanda efectiva en consumo.

Los cambios en el ingreso tenderán a ensanchar la brecha entre el ingreso y el consumo. Como se ahorra una cantidad mayor del ingreso cuando éste es creciente, en una comunidad moderna, cuando el ingreso aumenta, no aumenta el consumo a igual monto absoluto *y será mayor el ahorro absoluto.*

La estabilidad del sistema económico depende de que esta regla prevalezca en la práctica.

En consecuencia cuando el empleo, y por lo tanto el ingreso global, aumenta, no se necesita todo el empleo para satisfacer la demanda adicional de consumo.

[13] *Ibid.*, pp. 91-95.

Por el otro lado, cuando el ingreso declina porque declina el empleo, pudiera hasta originar que el consumo exceda el crecimiento del ingreso.[14]
Lo que es indudable es que cuando el empleo desciende a un nivel bajo, el consumo declina, pero en menor proporción que el ingreso real.

Por otra parte, una baja en el empleo y en el ingreso, una vez que se ha producido, puede llegar a ser de extrema duración.

Estos simples principios nos llevan a la misma conclusión. El empleo sólo puede crecer pari passu *con el crecimiento de la inversión (a menos que haya un cambio en la propensión al consumo), porque como al incrementar el empleo y el ingreso no incrementa el consumo en la misma proporción, el empleo no será aprovechable a menos que esté dedicado a incrementos en la inversión.*[15]

Nos queda por examinar los hechos que se califican como incentivos subjetivos o sociales para que los individuos reduzcan el monto que quieren gastar de un determinado nivel de ingreso. Son ocho los que Keynes detalla en el capítulo 9 de la *Teoría general del empleo,*[16] que pueden considerarse como debidos a los siguientes motivos generales: precaución, previsión, cálculo, mejoramiento, independencia, empresa, orgullo y avaricia, y además da los motivos para consumir: generosidad, errores de cálculo, ostentación y hasta extravagancia.

Además de la acumulación de ahorros de los particulares, hay también un amplio monto del ingreso que en las comunidades modernas, especialmente industrializadas, las instituciones y los negocios deciden ahorrar para prevenir los siguientes fines:

i] Para llevar a cabo futuros incrementos de capital, sin necesidad de recurrir al mercado. ii] Por motivos

---

[14] Esto, merced a la utilización de reservas financieras por particulares o déficit presupuestal por el gobierno. Véase *ibid.*, pp. 97 y 98.

[15] *Ibid.*, p. 98.

[16] J.M. Keynes, *op. cit.*, cap. 9, pp. 107-108.

de liquidez. iii] Por motivos de desarrollo para asegurar un gradual incremento del ingreso. iv] Por motivos de prudencia financiera.[17]

La fuerza de estos motivos varía enormemente, según Keynes, a consecuencia de las diferencias de las instituciones y organización de una sociedad económica, dependiendo probablemente de sus hábitos.

Lo que Keynes concluye es que la parte del ingreso que se consume depende más de estas razones que de ninguna otra, pero tiende a ser constante en períodos cortos.

Uno de los mayores aciertos de Keynes es desechar la suposición general de que la tasa de interés favorece el ahorro por reducción del consumo; todo lo contrario, la influencia de variaciones de la tasa de interés en la suma actualmente ahorrada es de primordial importancia, pero en la dirección opuesta en que usualmente se supone, porque aunque tuviera efecto en la propensión al consumo de un ingreso dado, tiene efecto restrictivo de la inversión y por consiguiente del ingreso.[18] *El ahorro total está gobernado por la inversión total, y por lo tanto un alza en la tasa de interés compensa con mucho el efecto que pudiera tener en el aumento de las decisiones de ahorrar. De aquí que un alza en la tasa de interés tiene que tener el efecto de reducir el ingreso hasta el nivel en que el ahorro decrece en la misma medida que la inversión. Como el ingreso ha de decrecer por una menor suma absoluta de la inversión por efecto del alza de la tasa de interés (relativamente a la eficiencia marginal del capital) la tasa del ingreso tiene que decrecer y no puede haber un margen mayor para el ahorro.*

B. Para completar la teoría de la producción keynesiana, tenemos que traer a colación el capítulo 10, "La propensión marginal al consumo y el multiplicador".[19]

---

[17] *Ibid.*, pp. 108-109.
[18] *Ibid.*, p. 110.
[19] *Ibid.*, cap. 10, pp. 113-131.

Frente al principio multiplicador indeterminado por infinito, que expresa la versión clásica de la teoría de la demanda efectiva, "la oferta genera la demanda para absorberla", Keynes precisa, gracias a su función consumo, el multiplicador, como una relación entre variaciones en el ingreso y la inversión, y el empleo directamente dedicado a la inversión.

Keynes reconoce a Kahn como el primero en introducir la idea del multiplicador en el trabajo publicado en el *Economic Journal*, junio de 1931, titulado "The Relation of Home Investment to Unemployment". La similitud en ambas ideas se vuelve identidad, si suponemos que el incremento del empleo se dedica a la inversión.

Si en vez de ser indeterminado el multiplicador como recíproco complemento de la propensión marginal al consumo menor que la unidad, no se definiera la proporción de crecimiento del consumo respecto al crecimiento del ingreso, estaríamos de nuevo en Say, y el multiplicador sería indeterminado y su efecto indeterminado por infinito.

La noción precisa del multiplicador y su efecto en el incremento de inversión e ingreso sería imposible si no pudiera apreciarse la relación precisa del crecimiento del consumo con el crecimiento del ingreso.

Si no hubiera acción de las autoridades monetarias para estimular o retardar el proceso de inversión, los cambios en el monto del empleo serían función de los cambios netos en el monto de la inversión; en el fondo pretende establecer un principio general por el cual estimar la verdadera relación cuantitativa entre el incremento de la inversión neta y el incremento total.

Si suponemos, como es lo más general, que el rendimiento decrece al margen cuando aumenta el número de trabajadores empleados, con un equipo de capital dado, el ingreso real medido tanto en términos de unidades salario como medido en términos de producto, aumentará, y decrecerán juntos.

Se puede expresar ΔC_w y ΔY_w, tienen el mismo signo, pero ΔC_w es menor que ΔY_w.

Se puede definir $\dfrac{d\,C_w}{d\,Y_w}$ como la propensión marginal al consumo, tal como ya hemos visto anteriormen-
te, y necesariamente menor que la unidad.[20]

Esta proposición es de singular importancia porque
nos dice en qué proporción se divide el ingreso entre
consumo e inversión, puesto que $\Delta Y_w = \Delta C_w + \Delta I_w$;
y ΔC_w, y ΔI_w, son el incremento del consumo y de la
inversión; y así $\Delta Y_w = k\Delta I_w$.

*Si por efecto de la propensión psicológica al consu-
mo la comunidad consume 9 décimos de un incremento de su ingreso, el multiplicador k haría que el ingreso creciera 10 veces el empleo primario. Por otra parte,
si se consumiera el incremento total del ingreso, los precios aumentarían sin límite. Si, por razones de austeridad, se reduce la propensión al consumo, se reduce
el aumento del empleo y la inversión.[21]*

*Un aumento en la inversión no puede ocurrir a me-
nos que el público esté dispuesto a ahorrar más, pero
el público no puede ahorrar más si el ingreso agregado
no aumenta. Y éste solamente puede aumentar, como
hemos visto, si aumenta el empleo.[22]*

*El multiplicador nos dice en cuánto puede el empleo
tener el efecto de incrementar el crecimiento del ingreso
real, suficiente para inducir el ahorro necesario extra
como una función de la propensión al consumo.*

*A menos que varíen las condiciones de la propen-
sión al consumo, el empleo en inversión estimulará la
producción de las industrias de bienes de consumo. Y
ello lleva al crecimiento del empleo primario requeri-
do por la inversión misma.[23]*

*Si la propensión al consumo no es mucho más baja
que la unidad, una pequeña variación de la inversión
permitiría alcanzar el pleno empleo. Y por el otro lado,
si la propensión al consumo es cerca de 0, la inversión
llevará a pequeñas fluctuaciones en el empleo.*

[20] *Ibid.*, p. 115.
[21] *Ibid.*, p. 117.
[22] *Loc. cit.*
[23] *Ibid.*, p. 118.

En la realidad actual, la propensión al consumo se mueve en dos extremos, más cerca de la unidad que de 0. Y por lo tanto las fluctuaciones del empleo son amplias y se requieren grandes esfuerzos para alcanzar el pleno empleo.

Esto es difícil de remediar, mientras no se entienda bien su verdadera naturaleza. Si después de pleno empleo la inversión avanza más, el proceso de inflación resulta independiente de la propensión marginal a consumir, y en este punto los precios crecientes están asociados con crecimiento en el ingreso agregado.[24]

También con referencia al mismo subcapítulo III[25] (el efecto del multiplicador) explica el porqué pequeñas fluctuaciones en la inversión de pequeña proporción, respecto al ingreso nacional, pueden producir grandes fluctuaciones en el empleo y en el ingreso, mayores que aquéllas.

La significación de la teoría del multiplicador y su aplicabilidad no desmerecen por el hecho de que en el incremento de la inversión pueda haber lapsos de tiempo que no fueron suficientemente previstos de antemano, ni excesos en la inversión en bienes de capital, relativamente a las industrias de bienes de consumo.

Lo cierto es que antes o después, y después de un cierto período, el incremento de la inversión habrá generado un incremento del empleo por efecto del multiplicador.

A mayor propensión marginal a consumir, mayor será el multiplicador y mayores las perturbaciones del empleo ocasionadas por cambios en la inversión.[26]

Ello podría llevar a una conclusión paradójica: En un país pobre en que la proporción del ingreso ahorrado es reducida, serán mayores las fluctuaciones del empleo que en un país rico, en que la proporción del ahorro respecto al ingreso es alta. Esta conclusión, sin embargo, pasa por alto los efectos de la propensión marginal

[24] *Loc. cit.*
[25] *Loc. cit.*
[26] *Ibid.*, p. 125.

a consumir y de la media a consumir; puesto que al ser la primera alta, sus efectos pueden ser importantes en términos relativos, pero en términos absolutos no lo serían, si la segunda también es alta.

Los modelos keynesianos de crecimiento económico han distinguido claramente la propensión al consumo de las ganancias de la propensión al consumo de los salarios, siendo esta última mayor que la primera. Y así, un país pobre, porque la proporción del crecimiento del salario respecto al crecimiento del producto es baja, puede tener amplias fluctuaciones en la propensión del consumo de las ganancias; lo que da lugar a la inflación, de un lado por efecto de la "asimetría del efecto ingreso", y de otro, naturalmente, al desempleo como consecuencia de baja inversión cuyo defecto se acentúa por el bajo multiplicador, es decir por la baja proporción del consumo respecto al crecimiento del ingreso.

Cuando hay desempleo involuntario, el trabajador empleado no tiene en cuenta la desutilidad marginal del empleo, sino que para él siempre habrá una utilidad positiva de emplearse.[27]

No vale la pena recordar aquí el ejemplo de la construcción de las catedrales o de las pirámides, ni las ventajas de hacer hoyos aunque sea para después taparlos, porque son sobradamente conocidas y comentadas.

Y sin embargo no puede ser más típico el caso de hacer hoyos en el suelo en las minas de oro, porque representa un gasto justamente para crear un gasto que pueda expansionar la demanda efectiva.

Y lo más curioso es que los economistas tradicionales lo consideran útil para fundamentar la creación monetaria, sin querer comprender que la expansión monetaria que las reservas oro producían es lo que hace posible el incremento de la demanda efectiva.

En cambio, no puede decirse lo mismo de las reservas monetarias que hoy se integran con los créditos

---

[27] *Ibid.*, p. 128.

internacionales, porque con éstos, por su propia naturaleza y su natural uso para adquirir mercancías o pagar servicios en el exterior, el prestamista tiene necesariamente que reducir la propensión al consumo y el efecto multiplicador, por lo que los efectos de la inversión externa en el empleo han de ser siempre menores que los de la inversión doméstica.

Cuando un país no tiene metales preciosos en su subsuelo, hacer hoyos en el suelo es simplemente eso.

Si las reservas metálicas constituían respaldo de las monedas, es porque hacían posible el circulante correspondiente a la demanda efectiva y al producto.

Si se comprende que la creación monetaria nunca fue función de las reservas monetarias (aunque sus variaciones fueran un método de regulación del circulante), debiera de haber sido fácil para los monetaristas y banqueros entender que el dinero sólo puede variar por las variaciones de la demanda efectiva, y que las variaciones de la demanda efectiva son función del empleo. Al propio tiempo que la demanda efectiva puede mantener el empleo.

Por lo tanto, la creación monetaria tiene que ser y siempre es función de la demanda efectiva y del empleo.

La teoría keynesiana de la producción puede sintetizarse del siguiente modo:

El empleo genera el producto y determina el valor agregado del precio de la oferta, y el punto de su coincidencia con la demanda es lo que se denomina "demanda efectiva"; la demanda efectiva determina el empleo, y el empleo en inversión por el multiplicador, que es el recíproco del complemento de la propensión marginal al consumo, determina el empleo y el incremento del ingreso global. Si la diferencia entre el ingreso destinado al consumo se cubre con empleo en inversión, la economía puede seguir creciendo y el producto también, hasta el límite del pleno empleo, si no existen frenos monetarios, especialmente la relación de la tasa de interés con la eficiencia marginal del capital, que produzcan una demanda efectiva insuficiente para el *pleno empleo*.

Si tomamos en consideración el progreso técnico, al que Keynes no ha dado tanta consideración como se le ha dado después en los modelos keynesianos de crecimiento económico, el pleno empleo se define, no por la utilización completa de toda la mano de obra disponible, sino por su utilización en el máximo crecimiento del producto por hombre empleado.

Habrá pleno empleo cuando el producto ha aumentado al nivel en el cual el rendimiento marginal de las respectivas unidades de los factores de producción se usan a su mínimo, en el cual la cantidad del factor es suficiente para obtener dicha producción.[28]

La teoría de los precios que examinaremos en el capítulo siguiente explica las razones por las que la demanda efectiva se puede distribuir, parte en incremento del producto y parte en incremento de los precios. Hasta llegar al punto de pleno empleo (en el sentido arriba descrito), en el cual el incremento de la demanda efectiva y del circulante consiguiente eleva proporcionalmente los precios porque el producto ya no crece más. Éste es el caso particular en que tiene plena validez la teoría cuantitativa de los precios.

La validez de la suposición clásica descansaría en que la tasa de interés estuviera siempre gobernada para producir el pleno empleo.

El olvido de tan importante como realista suposición ha inducido y sigue induciendo a numerosos errores en las políticas monetarias.

Los economistas de la teoría del crecimiento han procurado distinguir la propensión al consumo de los salarios de la propensión al consumo de las ganancias; suponiendo que la propensión a consumir de los salarios es mayor que la propensión al consumo de las ganancias. Y así se caracteriza como edad de oro óptima aquella en que todos los salarios se consumieran y todas las ganancias se invirtieran, porque ello da lugar

[28] J.M. Keynes, *op. cit.*, cap. 21, p. 303.

al máximo multiplicador, congruente con la máxima tasa de inversión, dada la distribución del producto. De cualquier forma, la distinción es importante, pues es obvio que la propensión a ahorrar de los salarios es próxima a 0, mientras que la propensión a ahorrar de las ganancias es mayor (al menos en las condiciones actuales que rigen la distribución del producto entre los factores trabajo y capital). Y en el carácter constante de las propensiones a ahorrar de los salarios y de la propensión a ahorrar de las ganancias, siendo mayor la de las ganancias que la de los salarios (que puede considerarse negligible), se fundan ciertos modelos de crecimiento estable (como los de Kaldor).

No se explica cómo, ante tan claras proposiciones, se persiste en creer que el aumento de la tasa de interés determina crecimiento de la captación del ahorro, y que esta mayor captación, suponiendo que pudiera ser cierta y no se tratara simplemente de figurar como ahorro, lo que es una parte del circulante creado para las transacciones de mercancías, puede sostenerse y fundar en ella las posibilidades de incremento de la inversión. Tal política, teniendo en cuenta la claridad de las ideas keynesianas, impliaría reducción de las magnitudes de consumo, es decir, reducción de la propensión al consumo y del multiplicador, lo que hace imposible que pueda aumentar el ingreso, el circulante y el producto, porque la tasa de interés se encarga de reducir la inversión, y por lo tanto el ingreso.

Se hacen la ilusión de que aumenta la captación de ahorro, porque ante el alza de la tasa de interés los depósitos a la vista se convierten en depósitos a plazo con tasa de interés. Si éstos crecen en mayor proporción que el crecimiento del circulante, en vez de significar un crecimiento de la economía, significa que esta proporción del ingreso retraído de la circulación de mercancías está permaneciendo líquido, y no dedicado a su natural destino, la inversión. Puesto que si así lo fuera, el incremento de los depósitos a plazo determinaría necesariamente un incremento multiplicado del total circulante.

3. TEORÍA KEYNESIANA DE LOS PRECIOS

De los dos capítulos anteriores resulta algo muy claro: la teoría de la producción descansa en el empleo, el empleo determina la demanda efectiva y la demanda efectiva es la coincidencia del precio de la oferta con la demanda. Por consiguiente, al expresarse la demanda efectiva en dinero tiene necesariamente que existir el dinero como medio que expresa la demanda efectiva, que es ni más ni menos que el circulante (no medido en términos de existencia, sino de circulante dedicado a la circulación industrial o sea al proceso de la generación de la oferta y de la realización de la demanda).

Y por otra parte también se advertirá en el próximo capítulo que el dinero, singularmente la tasa de interés, tiene efecto primordial en los procesos de la inversión y del empleo.

I

Los economistas acostumbran a tratar, de un lado, la teoría del valor, en la cual hacen depender el mismo de las condiciones de la oferta y la demanda y singularmente en el corto plazo con los cambios del costo marginal y la elasticidad de la oferta. Pero en cuanto pasan al volumen 2, o sea a la teoría del dinero y de los precios, no hacen ya mención de ello, y se mueven en un mundo en el que los precios están gobernados por la cantidad monetaria, por la llamada "velocidad ingreso" que establece la relación de la velocidad de las transacciones.[1]

[1] J.M. Keynes, *op. cit.*, cap. 21, p. 292.

La división de la economía entre teoría del valor y distribución, por una parte, y teoría del dinero, por la otra, es una separación falsa.[2]

Lo primero que hace la *Teoría general del empleo*, es excluir la teoría cuantitativa de los precios tradicional, es decir, reducirla a un caso particular: habiéndose alcanzado el pleno empleo en el sentido técnico de esta definición,[3] como el producto ya no puede aumentar, el incremento de la demanda efectiva y de la cantidad monetaria se refleja necesaria y proporcionalmente en el alza de los precios.

Pero en cuanto se sale de este supuesto, y antes de llegar a él, el incremento de la demanda efectiva se refleja necesariamente en parte en incremento de los precios y en parte en incremento del producto, en función de la elasticidad del empleo a las variaciones de la demanda efectiva.

II

Si empezáramos por suponer una simplificación según la cual la tasa de remuneración de los diferentes factores que entran en la producción se modificara en la misma proporción, es decir en la misma proporción que las unidades salario, ésta daría el nivel general de los precios (suponiendo un equipo dado) y dependería en parte del valor de la unidad salario y en parte del volumen del empleo. Esta suposición implicaría: 1] que todos los recursos empleados son homogéneos e intercambiables y 2] que los factores de producción que entran en el costo se mantienen en relación con el salario monetario, en tanto que hay oferta de trabajo desempleada. Lo que implica rendimientos constantes en unidad salario, en tanto que hay oferta de mano de obra

[2] *Ibid.*, p. 293.
[3] *Ibid.*, p. 303.

*disponible. Es decir, la cantidad de dinero no tendría
ningún efecto en tanto que hay mano de obra disponible
y el empleo crecería en exacta proporción de la
demanda efectiva* [. . .]

*En forma simplificada y en atención a lo anterior:
si hubiera oferta perfectamente elástica al haber desempleo
y perfectamente inelástica con el pleno empleo y
si la demanda efectiva cambiara en la misma proporción
que la cantidad de dinero, la "teoría cuantitativa"
podría expresarse así: en tanto existe desempleo el empleo
aumenta en proporción al aumento en la cantidad
de dinero y a partir del pleno empleo los precios aumentan
en proporción de la cantidad de dinero.*[4]

*Una vez establecida esta expresión simplificada,
deben considerarse posibles complicaciones que afectarán
los hechos:*

*1. La demanda efectiva puede no cambiar en exacta
proporción con la cantidad de dinero.*

*2. Puesto que los recursos no son todos homogéneos,
los rendimientos pueden ser decrecientes y no constantes,
cuando el empleo aumenta gradualmente.*

*3. Como los recursos no son intercambiables, puede
haber de un lado inelasticidad de la oferta y, de otro,
oferta no utilizada.*

*4. La unidad de salario puede tender a aumentar
antes de que se haya alcanzado el pleno empleo.*

*5. Los recursos que entran en el costo marginal pueden
no cambiar todos en la misma proporción.*

*Así pues, los cambios en la cantidad de dinero, en
la demanda efectiva y en el incremento de la demanda
efectiva, en parte pueden afectar el crecimiento de los
precios y en parte el crecimiento del empleo. Y en vez
de precios constantes mientras hay desempleo y precios
crecientes cuando se llega al pleno empleo, puede
haber un gradual incremento de los precios conforme
el empleo aumenta.*

*Por lo tanto, en vez de la teoría cuantitativa de los
precios, la teoría de los precios debe referirse al análisis*

---

[4] *Ibid.*, pp. 295-296.

de las cinco complicaciones a que nos hemos referido.[5]

Aunque consideremos cada una de ellas separadamente, no dejan de estar interrelacionadas. Keynes rechaza el método seudomatemático de analizar el mecanismo del sistema económico y tampoco pretende formular una teoría completa, sino métodos de análisis en cada caso, de qué es lo que puede hacer variar los efectos de estas complicaciones por sí mismas y entre sí. A saber:

1. *El efecto primario de un cambio de la cantidad de dinero en el monto de la demanda efectiva, es a través de su influencia en la tasa de interés. Si éste fuera su solo efecto, las variaciones en la demanda efectiva derivarían de los siguientes elementos:*

a] De la preferencia a la liquidez; b] La eficiencia marginal, que nos diría en qué medida una baja de la tasa de interés elevaría la inversión y c] El multiplicador de la inversión que nos dice por cuánto un incremento dado en la inversión nos lleva a incrementar la demanda efectiva.

Pero este análisis que sirve para introducir orden y método en la investigación, sería decepcionante, puesto que tanto en a] y b] como en c] influyen los factores 2, 3, 4 y 5 que todavía no hemos tomado en consideración.

La preferencia a la liquidez depende de la cantidad de dinero absorbida por la circulación industrial, la que a su vez depende de la demanda efectiva, que se expresa en incremento en producción y en incremento en precios. La eficiencia marginal depende del posible efecto de la cantidad de dinero en las ganancias esperadas. Y finalmente, en el multiplicador influirán los efectos que los incrementos en demanda efectiva tengan en la distribución.[6]

Puede comprenderse que en estas tres funciones, sobre todo en las dos primeras, las variaciones en la tasa de interés desempeñan un papel determinante. Si la política bancaria operara sin propósito de res-

---

[5] *Ibid.*, p. 296.
[6] *Ibid.*, p. 298.

tringir ni expansionar demanda efectiva y fuera función de la demanda transaccional, la tasa de interés tendería a ser constante y baja, y la cantidad monetaria se correspondería con la demanda efectiva; es decir, la cantidad monetaria aumentaría o disminuiría con el aumento o disminución de la demanda efectiva.

La relación entre la cantidad monetaria y la demanda efectiva se aproxima, como hemos dicho, al concepto de la velocidad ingreso, pero ésta es una relación que no nos dice nada respecto a las causas que la determinan.

2. La distinción entre rendimientos decrecientes y constantes depende en parte de que se remunere a los trabajadores en función estricta de su eficiencia. Pero si para un mismo grado de trabajadores el salario es uniforme respecto a su eficiencia, se tendrá costo de trabajo creciente independientemente de la eficiencia de los equipos. Más aún, si el equipo no es homogéneo, el costo primo variará por unidad de producto y tendremos crecientes costos marginales, por encima del incremento por el costo de trabajo.

En general, el precio de la oferta crecerá, conforme aumente el producto, con un equipo dado, aparte de los cambios en la unidad salario.[7]

3. En el número anterior hemos examinado la posibilidad de oferta imperfectamente elástica. Si hubiera perfecto balance entre los recursos desempleados especializados, el pleno empleo pudiera alcanzarse simultáneamente para todos; pero, en general, puede agotarse la demanda para ciertos trabajos, antes de alcanzar el pleno empleo, quedando trabajo disponible en otros sectores. Así, cuando el empleo aumenta, se produce una serie de cuellos de botella. La oferta de ciertas mercancías deja de ser elástica y hay alza de sus precios. Es posible que los niveles generales de los precios no crezcan demasiado mientras haya oferta de trabajo de cada clase disponible; pero cuando cierta producción aumenta suficientemente se producirán los cuellos de botella, lo que seguramente determinará incremento

[7] *Ibid.*, pp. 299-300.

en los precios de ciertas mercancías. La elasticidad de la oferta dependerá de cierto lapso.

Así pues, un cambio moderado en la demanda efectiva, mientras haya una situación de amplio desempleo, puede producir un cambio muy pequeño en los precios; mientras que un cambio amplio que no haya sido previsto produce ciertos cuellos de botella temporales que dan lugar a que se absorba por alza de los precios, independientemente del empleo, más fuertemente al principio que después.[8]

4. La unidad salario tiende a crecer antes de haber alcanzado el pleno empleo. Esto requiere poca explicación. Conforme aumenta el empleo, los grupos de trabajadores presionan al alza de sus salarios, sin gran resistencia de los empresarios que prevén mejores negocios. Por ello, parte del aumento de la demanda efectiva se absorbe en satisfacer el crecimiento de la unidad salario, independientemente de la tendencia en el pleno empleo a que el aumento de la demanda efectiva se traduzca en incremento de los salarios monetarios.[9]

Keynes indica que la experiencia muestra que los salarios no crecen gradualmente, sino de tiempo en tiempo y no a cada pequeño cambio en la demanda efectiva.

Esto tiene particular importancia en un sistema abierto al comercio exterior y en las variaciones del ciclo económico.

El caso del crecimiento de la unidad salario que estamos describiendo puede ser calificado como de semi-inflación, teniendo cierta analogía (aunque imperfecta) con la verdadera inflación, que corresponde al caso del pleno empleo en el cual los precios varían proporcionalmente con la cantidad monetaria, porque el producto ya no puede aumentar. Es un caso que tiene importancia histórica pero que no lleva fácilmente a una generalización. Esto último, por la evidencia actual, muestra ser una grave subestimación.

[8] *Ibid.*, pp. 300-301.
[9] *Ibid.*, p. 301.

5. *Hemos supuesto como primera simplificación que todos los factores que entran en el costo marginal varíen en la misma proporción. Pero éste no es el caso, pues no todos los factores tienen la misma rigidez ni la misma elasticidad de oferta respecto a la remuneración monetaria ofrecida.*

De cualquier forma, sus variaciones dependerán del nivel de la unidad salario y del volumen del empleo.

Posiblemente el factor que puede variar más en diferente proporción con la unidad de salario es el "costo marginal de uso", puesto que éste está ampliamente relacionado con el volumen del empleo, especialmente si los cambios de la demanda efectiva son rápidos, y hay que remplazar el equipo existente.[10]

Sin embargo, se puede hacer una primera aproximación: los cambios del promedio de los costos marginales varían en relación con las variaciones de la unidad salario.

Este promedio que podemos llamar unidad costo, *puede guardar relación con el estándar de valor (que es el trabajo). Las unidades salario pueden ser consideradas como el estándar de valor; y el nivel de los precios, a un estado de equipo y técnica dado, dependerá en parte del costo, y en parte del volumen de producción, teniendo en cuenta el principio del rendimiento decreciente.*

Así pues, los precios dependerán en parte de la unidad costo y en parte de la escala de producción, de acuerdo con el principio del rendimiento decreciente.

Se alcanza pleno empleo cuando la producción ha crecido a un nivel al cual las respectivas unidades de los factores han sido usadas a su mínimo, al cual se obtiene la cantidad de producción.[11]

Las complicaciones antes mencionadas muestran una especial clarividencia de Keynes para explicar el fenómeno de la coincidencia de la inflación y el desempleo, que hoy es objeto de tanto estudio.

[10] *Ibid.*, p. 302.
[11] *Ibid.*, pp. 302 y 303.

III

Como puede observarse, Keynes hace una teoría de las variaciones de los precios independientemente de la cantidad monetaria.

Cuando se llega a alcanzar el pleno empleo, los aumentos de la demanda efectiva se traducen naturalmente en incrementos de los precios, toda vez que el producto ya no puede aumentar.

Pero antes de este punto el incremento de la demanda efectiva se reparte, en parte en incremento del costo unitario y parte en incremento del producto.

Se advierte una cierta asimetría entre los dos lados alrededor de este punto crítico, que determina la verdadera inflación. Una contracción de la demanda efectiva por abajo de este punto reduce la misma en términos de reducción de los costos unitarios. Mientras que un aumento de la misma por encima de este punto crítico no se traducirá en aumento del costo unitario. Ello es consecuencia de que los factores, singularmente el trabajo, están en condiciones de resistir la reducción del salario monetario, pero no en condiciones de resistir los cambios en los niveles generales de los precios, y por lo tanto la reducción de su salario real. Si, por el contrario, los salarios nominales estuvieran dispuestos a bajar por debajo del nivel del pleno empleo, la asimetría desaparecería. Pero no habría lugar a estabilidad por abajo del pleno empleo hasta que la tasa de interés fuera incapaz de bajar más, o los salarios llegaran a 0; a menos que haya una cierta fijeza, o por lo menos rigidez, de los salarios nominales.

No se puede suponer que todo aumento de precios sea inflacionario. Para suponerlo es menester partir del supuesto clásico de que hay siempre una relación real en la remuneración de los factores.[12]

---

[12] *Ibid.*, pp. 303 y 304.

IV

Usando la terminología del capítulo 20, "Función empleo",[13] podemos escribir $MV = D$, siendo V la velocidad ingreso, que suponemos constante, entonces la elasticidad $e_p = \dfrac{D\, dp}{pd\, D}$ es la unidad, es decir, los precios cambian en la misma proporción de la cantidad de dinero.

La condición para satisfacer esta ecuación, es que $e_o = 0$, o $e_w = 1$. Esta última elasticidad significa que las unidades salario aumentan en la misma proporción que la demanda efectiva, puesto que $e_w = \dfrac{D\, d\, W}{W\, d\, D}$; y la condición $e_o = 0$, que el producto no puede mostrar ninguna respuesta a cualquier incremento de la demanda efectiva, puesto que $e_o = \dfrac{D\, d\, O}{O\, d\, D}$. La producción en este caso es inalterada.

Si suponemos ahora que la velocidad ingreso no es constante, y que la elasticidad de la demanda efectiva cambia en respuesta a los cambios en la cantidad de dinero, $e_d = \dfrac{M\, d\, D}{D\, d\, M}$, entonces $\dfrac{M\, d\, p}{p\, d\, M} = e_p \cdot e_d$, donde

$e_p = 1 - e_e \cdot e_o\, (1 - e_w)$; de suerte que
$e = e_d - (1 - e_w)\, e_d \cdot e_e \cdot e_o$
$\quad = e_d\, (1 - e_e \cdot e_o + e_e \cdot e_o \cdot e_w)$, de donde e sin sufijo
$\quad = \dfrac{M\, d\, p}{p\, d\, M}$[14]

resulta ser el ápice de la pirámide y mide la respuesta de los precios en dinero a los cambios en la cantidad de dinero. Lo cual sería una generalización de la teoría cuantitativa del dinero.

No se puede dar importancia a estas manipulacio-

---

[13] Véase pp. 45-48 de este libro y J.M. Keynes, *op. cit.*, p. 304.
[14] J.M. Keynes, *op. cit.*, cap. 21, p. 305.

nes que tienen escaso valor y que implican supuestos tácitos respecto a cuáles variables son las independientes. Las relaciones de la cantidad de dinero con las variaciones de los precios son extremadamente complejas. Vale la pena, sin embargo, señalar que de los cuatro términos e_d, e_w, e_e y e_o, de los cuales depende el efecto sobre los precios de las variaciones en la cantidad de dinero, e_d representa los factores de liquidez que determinan la demanda de dinero; e_w las de trabajo, que explica cómo crece el salario cuando el empleo aumenta; y e_e y e_o los factores físicos que determinan la tasa de rendimiento decreciente cuando el empleo aumenta con un equipo dado.

Si el público mantiene líquida una misma proporción de su ingreso en dinero $e_d = 1$, y los salarios monetarios son fijos $e_w = 0$, si hay constantes rendimientos, de manera que el rendimiento marginal es igual a $e_e\, e_o = 1$; y si hay pleno empleo, tanto de trabajo como del equipo, $e_e\, e_o = 0$.

Ahora bien, $e = 1$, si $e_d = 1$ y $e_w = 1$; o si $e_d = 1$, $e_w = 0$ y $e_e \cdot e_o = 1$; o si $e_d = 1$ y $e_o = 0$. Obviamente hay otros casos especiales en que $e = 1$. Pero en general e es menor que la unidad.[15]

V

En el último subcapítulo, Keynes pone de manifiesto cómo las tasas de interés moderadas y su relativa estabilidad permitieron durante el siglo XIX mantener una cierta estabilidad en el proceso productivo y en el empleo.

Si hay una proporción estable racional entre el ingreso nacional y la cantidad monetaria, tomando en cuenta que la preferencia a la liquidez (en varios períodos) puede no ser muy cambiante; es decir, si la canti-

[15] *Ibid.*, pp. 305-306.

dad de dinero es la requerida para la circulación activa con cierto exceso en proporción con el ingreso global, antes o después se mostrará una tendencia a la reducción de la tasa de interés, y a la vez al aumento de la demanda efectiva, que puede llegar a alcanzar el punto crítico en que el salario crece y, por tanto, los precios.

La tendencia contraria es: si la cantidad monetaria es una proporción anormalmente baja del ingreso nacional, se dará una impresión de conformidad de la proporción de la cantidad monetaria con el ingreso, ante la cual, antes o después, el público tendrá que reaccionar.

Si se mantiene por largo tiempo una deficiente proporción de la cantidad monetaria respecto al ingreso, antes o después generará la inestabilidad del dinero y del sistema monetario. Bajará el salario monetario y aumentará la carga de las deudas.

Describe cómo, en el siglo XIX, tasas de interés bajas y relativamente pocas variaciones pudieron mantener una cierta estabilidad: subían relativamente los salarios, pero aumentaba su eficiencia, manteniéndose una cierta estabilidad de los precios. El sistema monetario era suficientemente fluido y conservador para mantener una proporción respecto a las necesidades, una cierta oferta de dinero constante en términos de unidad de salario.

Hoy, la eficiencia marginal del capital, por diferentes razones, es más baja y no se puede hacer descender suficientemente la tasa de interés. Lo agudo y lo peculiar de nuestros problemas de hoy [se refiere a la crisis del 30], resulta de que el promedio de la tasa de interés que hiciera fácil un nivel de empleo promedio razonable, no es un nivel que sea aceptable para los poseedores de riqueza. La relación normal entre el ingreso nacional, medido en unidad de salario y la cantidad de dinero, está dependiendo de la preferencia a la liquidez que obliga a tasas de interés más altas.

Como *conclusión*, podríamos decir que las enseñanzas del capítulo relatado nos llevan a considerar que cuanto más flexible y amplia sea la creación monetaria en relación con las necesidades transaccionales, o sea con el incremento de la demanda efectiva medida en términos de unidades salario, más baja puede ser la tasa de interés; y si al propio tiempo puede conseguirse que el salario real crezca, ni más ni menos en términos lo más próximos posibles a la productividad marginal del trabajo, es más fácil conseguir las condiciones de equilibrio y pleno empleo.

4. DETERMINANTES DE LA INVERSIÓN

I

Aparentemente sonaba lógico que las decisiones de restringir el consumo fueran con el propósito de ahorrar y el ahorro pretendiera tener un rendimiento mediante la correlativa inversión. Éste es el pensamiento clásico tradicional. Pero si así fuera, la economía tendería siempre a completar con gasto en inversión el ingreso que deja libre el que éste no se dedique íntegramente al consumo, en aras de la propensión al consumo menor que la unidad. Y por esta vía, las economías tenderían al pleno empleo y al máximo aprovechamiento de los recursos humanos, naturales y de técnica disponibles. Y la demanda efectiva nunca sería insuficiente.

Pero obviamente que esto no es así y el pleno empleo es más bien accidental, fruto de circunstancias especiales, singularmente del hecho de haber llevado a cabó políticas que tiendan al pleno empleo, o bien porque las autoridades monetarias no impidan que, en un comportamiento más racional de los sujetos económicos, procedieran siempre a invertir el ingreso que no se gasta en consumo.

La *Teoría general del empleo* puso de manifiesto que las decisiones de invertir son independientes de las decisiones de no consumir.

Y como ya hemos analizado en el capítulo II tenemos ahora que examinar cuáles son los motivos que inducen a invertir o no.

Entre los motivos subjetivos que determinan la propensión al consumo, a los que nos hemos referido en el capítulo II, puede haber algunos inspirados en decisiones de ahorrar; pero esto no quiere decir que tal restricción de consumo implique por sí misma una inversión.

Y esta separación entre las decisiones de no consumir y las decisiones de invertir son la causa de la insuficiencia de la demanda efectiva y del desempleo.

Las decisiones de invertir vienen determinadas, conforme al análisis keynesiano, por la *eficiencia marginal del capital*.

II

1. *La eficiencia marginal del capital* es la relación de los rendimientos esperados de un bien de capital sobre el *costo de la oferta* del mismo, los cuales, al ser capitalizados a la tasa de interés corriente, igualen al costo de la oferta del mismo.

Por ello, las decisiones de invertir dependen de la relación entre la tasa de interés y la eficiencia marginal del capital.

Los rendimientos que se espera obtener de vender la producción, después de deducir los gastos corrientes de obtenerla, durante la vida del bien de capital, se expresan por $Q_1, Q_2 \ldots Q_n$, como rendimientos anuales que los denomina *rendimiento de la inversión prospectivo o esperado*.

Hemos de considerar el precio de la oferta del bien de capital, entendiendo por éste no el precio en el mercado al que un activo de este tipo podría ser adquirido, sino el precio que justamente induciría a un manufacturero a producir una unidad adicional de este bien de capital. Es decir, lo que a veces se denomina costo de reposición.[1]

Esto es, la relación entre los rendimientos esperados de un bien de capital durante la vida del mismo y el costo de la oferta o costo de reposición de dicho

[1] J.M. Keynes, *op. cit.*, cap. 11, p. 135.

bien de capital, nos da la eficiencia marginal del bien de capital de este tipo.

Con mayor precisión, Keynes define la eficiencia marginal del capital como *igual a la tasa de descuento que determina el valor actual de la serie de anualidades de los rendimientos esperados del bien de capital durante su vida, justamente igual al precio de la oferta.*

Ello nos da la eficiencia marginal de un determinado bien de capital. La mayor de estas eficiencias puede ser considerada como la eficiencia marginal del capital, en general.

La eficiencia marginal del capital tiene que ser medida en términos de dinero. La medición de los rendimientos esperados tiene que ser apreciada en términos de *expectativas a futuro.* Mientras que el precio de oferta de capital es el costo *corriente* de oferta de un bien de capital nuevamente producido y no del resultado histórico de su costo original si calculáramos los resultados obtenidos durante su vida.

La eficiencia marginal del aumento de una inversión durante un período disminuirá en parte por el aumento de la inversión y en parte por el aumento del precio de la oferta, conforme aumenta la presión en las facilidades para producirlo; este segundo factor tiene más importancia para el equilibrio a corto plazo, puesto que en el largo período el primer factor generalmente va tomando su lugar.

Para cada tipo de capital se puede formar el cuadro que muestre cuánto puede aumentar una inversión en razón de su eficiencia marginal, en relación con cómo decrece su eficiencia marginal hasta una cifra dada.

Se pueden agregar los cuadros de los diferentes tipos de capital para obtener el cuadro que relacione la tasa de inversión agregada con la correspondiente eficiencia marginal del capital en general, lo que establecerá la tasa de inversión. Y lo llamaríamos cuadro de la demanda para inversión o, alternativamente, cuadro de eficiencia marginal del capital.

La tasa de inversión real se elevará hasta el punto en que no haya una clase de bien de capital cuya efi-

ciencia marginal exceda la tasa de interés corriente; en otras palabras, la tasa de inversión será empujada hasta el punto en que la eficiencia marginal del cuadro de la demanda para inversión sea igual a la tasa de interés corriente en el mercado.

Si Q_r es el rendimiento esperado de un bien de capital al tiempo r, y d_r es el valor presente de una libra diferida r años a la tasa de interés corriente, $\Sigma Q_r\, d_r$, es el precio de la demanda para inversión, que será llevada hasta el punto donde $\Sigma Q_r\, d_r$ viene a ser igual al precio de la oferta de la inversión, tal como la hemos definido.

Así pues, las decisiones de invertir dependen, en parte del cuadro de la demanda para inversión y en parte de la tasa de interés.[2]

Esto no se comprende bien hasta que no se analicen los determinantes de la tasa de interés; sin embargo, hay que hacer notar desde ahora que ni el conocimiento de los rendimientos esperados del bien de capital, ni su eficiencia marginal, nos permite deducir la tasa de interés, que es motivada por otras razones.

Sin la tasa de interés no podemos determinar el valor real capitalizado de los rendimientos esperados de un bien de capital.

2. El propósito de toda la teoría económica, de justificar la ganancia y de precisar la tasa de la ganancia, ha propendido a asimilar la tasa de la ganancia a la tasa de interés. En este sentido, las definiciones de "productividad marginal" o "eficiencia o utilidad del capital", usadas comúnmente, adolecen de ambigüedad y se mueven en un círculo vicioso que deja indeterminada la tasa de interés y el rendimiento del capital.

Keynes no sigue por este camino y se limita a precisar el concepto de eficiencia marginal del capital para buscar lo que determina la inversión y lo que hace que el volumen de ésta determine o no la insuficiencia de la demanda efectiva.

[2] *Ibid.*, pp. 136-137.

Y al propio tiempo resuelve las tres ambigüedades principales de los conceptos usuales. La primera, la que se refiere a la determinación de eficiencia física, difícilmente determinable mientras no se puedan precisar las cantidades físicas del capital o su valor. La segunda es si la eficiencia marginal es una cantidad absoluta o una relación, lo que es muy difícil si no se tiene de antemano lo que se supone que son los dos términos de la relación. Y la tercera es que se olvida la distinción entre los rendimientos corrientes que se pueden esperar de un bien de capital en la actual situación y la serie de las Q, rendimientos anuales que puede ir produciendo el bien de capital durante su vida.

La teoría ordinaria de la distribución (neoclásica) que supone que el capital añade su propia productividad, es válida solamente en un sistema estático. No queremos aquí hacer mención además de las dificultades que comporta esta teoría de la distribución, apoyada en las productividades marginales.

El concepto de eficiencia marginal del capital keynesiano, tal como lo hemos descrito, resuelve estas ambigüedades e incertidumbres.

Keynes apoya su concepto de eficiencia marginal del capital en dos construcciones analíticas, tan simples como válidas, y a las que se refiere explícitamente: el análisis de Marshall[3] en relación con el aumento de la inversión cuando baja la tasa de interés, y la *tasa de rendimiento sobre el costo* de Fisher.[4] Y al establecer la conexión entre uno y otro principios, rendimiento sobre el costo y tasa de interés, se tiene el método más simple de explicar qué es lo que determina la inversión y que denomina *eficiencia marginal del capital.*

Obviamente la tasa de interés puede ser y suele ser determinante de la tasa deseada de ganancia, pero al asimilarlas se comete el error de no darse cuenta de

3 *Ibid.*, p. 139.
4 *Ibid.*, p. 140.

que cuanto mayor sea la tasa de interés (esto es, la tasa de ganancia), menor ha de ser la tasa de inversión para conseguir una tasa de ganancia dada o deseada. Y esto es lo que Keynes pone en claro, al poner de manifiesto que éstos son dos factores diferentes, porque si bien la tasa de interés puede empujar a la tasa de ganancia al alza, la tasa de ganancia no es determinante de la tasa de interés. Salvo en la definición de equilibrio por la *tasa natural del interés*, en la que el ahorro iguala a la inversión, a una tasa dada de interés *natural*. Y se supone que el ahorro es el determinante y todo el mecanismo económico estaría en equilibrio y en pleno empleo. Como esto no es ni suele ser así, la tasa de interés y la eficiencia marginal del capital operan necesariamente en sentido opuesto.

3. Para que el concepto de eficiencia marginal del capital tenga sentido, es menester darse cuenta de que se tienen que tomar en consideración los rendimientos esperados, en vez de los resultados corrientes. Para demostrarlo, basta con tener en cuenta qué sucedería si se producen cambios en los mismos. *Este aspecto puede ser ilustrado tomando en consideración el efecto de los cambios en la eficiencia marginal del capital en el costo esperado del producto, el cual puede variar por un cambio en el costo del trabajo, de las unidades trabajo, a consecuencia de las invenciones y nuevas técnicas.*[5]

Los cambios en la unidad trabajo resultan también, como hemos puesto de manifiesto en otra parte, de las variaciones de la distribución, especialmente por incremento de la propensión al consumo de las ganancias, que reduce necesariamente la participación real del salario en el producto; además de los cambios en la técnica, como consecuencia de las variaciones del progreso técnico, que son exógenas y en cierto modo independientes del propio proceso de la inversión.

La producción de un equipo producido hoy, puede competir en el curso de su vida con la producción de

[5] *Ibid.*, p. 141.

*equipo producido posteriormente, posiblemente a me-
nor costo de trabajo, por una mejor tecnología que determina un precio más bajo de la producción; la cual
puede seguir aumentando en gran cantidad, hasta que
el precio de la producción haya bajado y toda la producción resulte más barata.*[6]

*En tanto que ese desarrollo haya sido previsto co-
mo probable o como posible, la eficiencia marginal del
capital producido hoy disminuiría.*

*Hay que tener en cuenta que las expectativas de cam-
bio en el valor del dinero producen efecto en la producción corriente. Las expectativas de baja del valor
del dinero producen un efecto estimulante, porque elevan el cuadro de la eficiencia marginal del capital; las
expectativas de alza del valor del dinero tienen efecto
depresivo.*[7]

El efecto de estas expectativas de cambio es a través de los cambios en la eficiencia marginal del capital, y no a través del efecto que se supone pudieran
tener las variaciones del valor del dinero en la tasa de
interés real.

Si se toman en cuenta las expectativas de cambios
en el valor del dinero, los precios de las mercancías
existentes se ajustarán a dichos cambios y por lo tanto se ajustará igualmente la distinción entre la tasa
de interés nominal y la tasa de interés real, y se elimina la alternativa entre atesorar dinero o mantenerse
en mercancía. Y sería demasiado tarde para atesorar
dinero. Si la tasa de interés aumentara a la par con
la eficiencia marginal del capital, no podría ser efecto
estimulante de la inversión. Las políticas de elevación
de la tasa nominal de interés para compensar la baja
del poder adquisitivo del dinero compensan o reducen
el efecto estimulante que hayan podido tener las expectativas de alza de los precios.

*Las expectativas de baja de la tasa de interés tienen
el efecto de rebajar la eficiencia marginal del capital,*

[6] *Loc. cit.*
[7] *Ibid.*, pp. 141 y 142.

porque los bienes de capital producidos hoy tendrían que competir durante el curso de su vida con otros producidos, que requerirían menor eficiencia marginal. Por consiguiente, se debe entender que el efecto de las expectativas sobre cambios en el valor del dinero son a través de la eficiencia marginal del capital y sería erróneo suponer que es su efecto en la tasa de interés lo que determina el efecto en la demanda para inversión.

Las variaciones en las expectativas sobre eficiencia marginal del capital pueden a veces ser violentas, lo que puede ser una explicación de los ciclos económicos.

4. *Hay dos tipos de riesgos que afectan el volumen de la inversión, que es importante distinguir. El primero es el riesgo del empresario o del prestatario, respecto a lo dudoso de la apreciación de sus expectativas cuando utiliza su dinero.*

Pero cuando existe un sistema de créditos, existe también un segundo tipo de riesgos, que puede denominarse riesgo del prestamista y que consiste en el incumplimiento de las obligaciones —incluso involuntario— como consecuencia del error en las expectativas. Un tercer motivo de riesgo puede ser el de un cambio en el valor del estándar monetario[8] (caso típico: devaluación de la moneda en el exterior).

En definitiva, para eliminar estos riesgos es menester tomar un margen mayor entre la tasa de interés y las expectativas respecto a la eficiencia marginal del capital.

5. La importancia del cuadro de la eficiencia marginal del capital se destaca porque relaciona las expectativas del futuro con el presente, más aún que la tasa de interés, singularmente por la durabilidad de los bienes de capital, esto es, por la existencia de bienes de capital duraderos.

El error en las expectativas puede consistir en que se da más importancia al rendimiento *corriente* de un bien de capital que a sus rendimientos en el futuro.

---

[8] *Ibid.*, p. 144.

Esto sería correcto en una situación estática. Precisamente, el método de hacer análisis estáticos de la economía no nos permite apreciar la importancia de los efectos del futuro en el presente, los cuales se manifiestan y pueden ser apreciados a través del concepto de la eficiencia marginal del capital.

No es realista dejar de considerar el efecto beneficioso de la duración de los bienes de capital y sus consecuencias para el presente. Éstas se analizan correctamente cuando se relaciona el costo presente de los bienes de capital con las expectativas de su rendimiento futuro y la influencia que las mismas pueden tener en el presente, a través del precio de la demanda del equipo duradero.

Es particularmente importante la dualidad del concepto de eficiencia marginal del capital desarrollado por Keynes, en el que se compara la relación de los rendimientos esperados de un activo durante la vida del mismo respecto a su costo de oferta y la tasa de interés a la que han de capitalizarse los rendimientos esperados para confrontarlos con el costo del bien de capital. Y reviste capital importancia práctica, porque para pronosticar los rendimientos esperados es menester calcular las expectativas a largo plazo de la inversión, lo cual es particularmente incierto, como veremos más adelante.

En cambio, en la práctica, la experiencia ha demostrado que las variaciones de la tasa de interés se superponen de tal manera a las expectativas del rendimiento a largo plazo, que las crisis de desempleo coinciden siempre con elevaciones de la tasa de interés.

No quiere esto decir que carezca de importancia el capítulo 12 titulado "El estado de las expectativas a largo plazo", porque es muy revelador para diferentes efectos. En lo que respecta al propósito de este libro, que es poner de manifiesto cómo la *Teoría general del empleo* sirve de explicación de la crisis mundial de los años ochenta, tal como sirvió de explicación a la gran crisis de los años treinta, se podría prescindir del laborioso análisis sobre las dificultades en la formación de expectativas razonables sobre los rendimientos esperados del capital.

Sin embargo, conviene destacar ciertos elementos fundamentales, analizados por Keynes en este capítulo, que sirven para comprender mejor lo que determina las decisiones de invertir. Y me remito a la lectura del texto completo, que no dejo de recomendar.

III. *Estado de las expectativas a largo plazo*[9]

1. En primer lugar, como los rendimientos futuros no pueden ser conocidos de antemano, ni se puede saber cuál va a ser el rendimiento de un bien de capital años más tarde, es menester basarse en las expectativas que puedan formarse los empresarios sobre las posibilidades de rendimiento a largo plazo de la inversión.

2. *Las estimaciones de los rendimientos esperados se tienen que basar en parte en factores existentes que pueden suponerse más o menos conocidos y en parte en supuestos futuros que sólo pueden ser pronosticados con más o menos confianza. Sobre los primeros, cabe mencionar los varios tipos de capital y el monto de éstos en general y la importancia de la demanda existente de consumo que requiere para la producción efectiva una asistencia de capital relativamente mayor; el gusto de los consumidores y la fuerza de la demanda efectiva a través del tiempo, durante la vida de la inversión; así como los cambios de la unidad trabajo en términos de dinero. En suma, el estado de las expectativas psicológicas que podemos denominar "estado de las expectativas a largo plazo", como diferentes de las expectativas a corto plazo de la producción de hoy en las plantas existentes.*

Como se tiene que partir de hechos conocidos y desconocidos, y en la práctica se toma en consideración

[9] J.M. Keynes, *op. cit.*, cap. 12, p. 147.

el estado existente para proyectar los futuros cambios, *los hechos de la situación presente suelen entrar en cierto modo desproporcionadamente en la formación de las expectativas a largo plazo, puesto que nuestra práctica usual es tomar la situación existente para proyectarla en el futuro, siempre que no haya razones para esperar un cambio.*[10]

Las apreciaciones del futuro dependen del *estado de confianza* en que se vayan a cumplir los cambios previstos.

Este estado de confianza no es uno de los dos elementos que entran en la determinación de las expectativas a largo plazo —que son precisamente la base de las expectativas— y lo que ha de determinar las magnitudes de la demanda para inversión.

Para apreciar la significación de las expectativas, Keynes empieza por suponer que no hay variaciones en los cambios de la tasa de interés, las cuales pueden fácilmente ser superpuestas sobre las expectativas a largo plazo para determinar la magnitud de la inversión.[11]

3. El hecho real es lo precario de las bases de nuestro conocimiento para determinar los rendimientos esperados del bien de capital en el futuro. Es sumamente difícil predecir cuál será el resultado de aquí a unos años del establecimiento de una mina de cobre o de un transatlántico, o de un edificio en la ciudad de Londres.[12]

Antes, cuando la propiedad y la gestión de una empresa no estaban separadas sino que eran manejadas por la misma mano, era mucho más fácil hacer pronósticos que ahora, en que gestión y propiedad se llevan a cabo por diferentes personas; ya que la voluntad de realizar una empresa por parte de quien la emprendía era más decisiva que la consideración de futuras ganancias.

---

[10] *Ibid.*, pp. 147 y 148.
[11] *Ibid.*, p. 149.
[12] *Ibid.*, p. 150.

Y naturalmente esta separación se agrava cuando interviene la organización de los mercados de inversión, en los que se tiene más presente las ganancias que puedan realizarse por valuación de los activos que las expectativas del rendimiento futuro del negocio como si la inversión fuera duradera. Lo cual determina una inestabilidad del sistema, que naturalmente hace más incierta la estimación de las expectativas.[13]

En ellos se obtienen estimación de valores día por día y hasta hora por hora, que no tienen mucho que ver con el cuadro del rendimiento a largo plazo que ha de tener una inversión durante su vida útil.

4. En el fondo se está suponiendo una especie de convención,[14] según la cual se supone que el estado de los negocios existentes ha de continuar indefinidamente, salvo que haya razones específicas para suponer un cambio. Y no es que se esté seguro de que va a ser así, sino que, por el contrario, se sabe que va a haber cambios, pero es necesaria esta suposición para poder hacer predicciones a futuro.

A pesar de lo arbitrario de esta suposición,[15] en tanto que la convención se mantenga y constituya la base de las decisiones de invertir, pueden obtenerse resultados que no discrepen gravemente de esta suposición, en cuyo caso sólo el conocimiento de las variaciones de los hechos puede alterar la confianza de los empresarios de que no van a tener problemas que no se deban a cambios fundamentales en la tendencia a la estabilidad.

5. Se puede hacer una relación sumaria de los principales factores que determinan lo precario de las estimaciones a futuro:

a] Conforme aumenta el capital y aumenta la proporción de las emisiones de acciones, aumenta la proporción de los inversionistas que no tienen nada

[13] *Ibid.*, pp. 150-151.
[14] *Ibid.*, p. 152.
[15] *Ibid.*, p. 153.

que ver con el manejo del negocio, y por consiguiente desconocen sus circunstancias.[16]

b] Las fluctuaciones diarias en las ganancias de las inversiones existentes establecidas por los mercados de valores tienen las más de las veces una influencia importante y absurda en las decisiones del propio mercado.[17]

c] Una evaluación fundada en un movimiento efímero promovido por efectos psicológicos de masa de ignorantes puede influir de tal manera en las apreciaciones generales del mercado que ocasione una ola de pesimismo y de inestabilidad, a pesar de no haber bases razonables para ello.[18]

d] Existe también un hecho importante[19] sobre el cual hay que hacer algunas consideraciones. Se supone que la competencia entre profesionales en el mercado puede servir para corregir los errores en que incurrieron los inversionistas dejados a sí mismos. Y que los profesionales a quienes se supone un conocimiento superior promedio permiten corregir los errores en que incurrieron los inversionistas. Pero la energía y habilidad de los inversionistas profesionales se preocupan de otro punto de vista y se mueven en otra dirección. No se preocupan de predecir ni de calcular los resultados a largo plazo de una inversión, sino de las ganancias que pueden hacerse en el mercado. Esto no es consecuencia de una equivocada desviación de propósito, sino que es una consecuencia inevitable de la organización del mercado, previsto para facilitar la liquidación individual de las inversiones, adelantándose al público en general, mientras que para la comunidad la inversión permanece.

La actividad de los profesionales no está relacionada con la estimación de los rendimientos esperados a largo plazo durante la vida de la inversión, sino con

---

[16] *Ibid.*, pp. 153 ss.
[17] *Ibid.*, pp. 153 y 154.
[18] *Ibid.*, p. 154.
[19] *Loc. cit.*

la evaluación de las bases convencionales a corto plazo. No con el valor de una inversión para aquel que quiera mantenerla, sino con el valor que le daría el mercado bajo la influencia de la psicología del mercado mismo. Se ven forzados a pronosticar los cambios posibles en el juego, y juegan; pero sabiendo que al parar la música pueden no tener silla en que sentarse.[20] Para que la inversión se pueda realizar no deben vender demasiado pronto ni demasiado tarde.

Es difícil que en estas condiciones el mercado pueda establecer juicios sobre el rendimiento genuino de un bien de capital a través del tiempo, que no esté alterado por los efectos del predominio de los inversionistas profesionales.

Quien puede librarse del predominio del mercado y funda su juicio y perspectivas en el rendimiento a largo plazo, puede tener más seguridad de éxito; pero para ello requerirá mucho más esfuerzo y dedicación, inteligencia y recursos. Ya que si tiene *éxito* no se le reconocerá y si fracasa, no habrá misericordia para él.[21]

La inversión basada en las expectativas a largo plazo más genuinas es difícil que sea practicable hoy. Y la experiencia no ha puesto muy en claro si la inversión socialmente ventajosa coincide con aquella que da mejores ganancias.

Para ello se necesita más inteligencia. Y la vida no es suficientemente larga para esperar los resultados a la larga. El inversionista que ignore las fluctuaciones del mercado, necesita más recursos para su seguridad y operar a mayor escala.

Finalmente son las inversiones a largo término las que promueven el interés público y las que en la práctica aseguran el mejor provecho particular.

e] Para que se mantenga el estado de confianza de los inversionistas especuladores en la realización de sus prospectos es menester suponer que tienen el do-

[20] *Ibid.*, p. 156.
[21] *Ibid.*, p. 158.

minio de la tasa de interés del mercado. Éste no suele ser el caso, puesto que la tasa de interés depende de factores institucionales, de lo que se llama el "estado de crédito". Un cambio en el precio de las acciones tendrá repercusiones en la eficiencia marginal del capital, debilitando la confianza en el estado de crédito. El debilitamiento del estado de crédito producirá el colapso; sin embargo, mayor solidez en el estado de crédito es condición necesaria, pero no suficiente.[22]

6. Si se distingue entre el especulador que tiene en cuenta la psicología del mercado y el empresario que calcula los rendimientos esperados del bien de capital durante su vida, se advertirá fácilmente que el predominio de los especuladores en el mercado tiene singular importancia para poder pronosticar y formar las expectativas a largo plazo.

Keynes señala específicamente la diferencia entre la actitud del mercado norteamericano y del mercado inglés, porque en el primero domina sustancialmente el que pretende hacer ganancias al plazo más corto, con la realización de los valores; mientras que en el mercado inglés, por razones específicas, no predomina tanto el aspecto especulativo.

Allí donde se tenga la fortuna de que no existan mercados de valores organizados o éstos no tengan influencia relevante, es más fácil establecer las expectativas a largo plazo, que han de servir para dirigir la inversión —y éstas podrán ser más precisas y seguras.[23]

El espectáculo de los mercados de valores organizados lleva a Keynes a la conclusión de que la inversión debiera ser algo tan indisoluble como el matrimonio, que sólo puede ser disuelto por la muerte, o por razones o causas suficientemente graves.

Por eso la inversión tiene que estar dirigida al largo plazo; y por ello las facilidades de liquidación a veces interfieren en el desenvolvimiento de la inversión.

7. Además de los motivos de inestabilidad, conse-

[22] *Loc. cit.*
[23] *Ibid.*, pp. 158-160.

cuencia de la especulación, hay que tomar en cuenta los cambios y la inestabilidad de la propia naturaleza humana que puede pasar de estados de optimismo a pesimismo. El *animal sprit*, la urgencia de hacer en vez de estar inactivo, es más importante que las apreciaciones o cálculos sobre posibilidades más o menos matemáticas de grandes resultados. Este *animal sprit* influye decisivamente en la apreciación de los elementos a tener en cuenta para las decisiones de invertir.[24]

Sin embargo, no podemos concluir que tales motivaciones psicológicas sean decisivas, porque las expectativas de rendimientos a largo plazo suelen tener bastante estabilidad, aunque no dependan de cálculos matemáticos ni tengan demasiado valor las indicaciones de los mercados.

8. Existen ciertos factores que en alguna medida mitigan la importancia de la ignorancia sobre el futuro. El efecto de la tasa de interés compuesto y la obsolescencia que pueden sufrir los bienes de capital con el tiempo, pueden dar lugar a que en ciertas formas de inversión particulares los rendimientos esperados del capital puedan estar determinados legítimamente por los rendimientos comparativos. Tal es el caso de ciertas inversiones en edificios o inversiones en servicios públicos, en los que se compensan los riesgos del futuro por los contratos a largo plazo, o por las tasas de interés que usan las autoridades para llevarlos a cabo, proyectándolos sobre su beneficio social.[25]

Por otro lado, después de haber destacado el peso que pueden tener en las expectativas a largo plazo los cambios a corto plazo, como diferentes del efecto de la tasa de interés, podemos reconocer la importancia de esta última en circunstancias normales.

·Solamente la experiencia puede mostrar en qué medida el manejo de la tasa de interés es capaz de mantener un nivel apropiado de inversión.

Por mi parte, dice Keynes, en cierto modo soy escép-

[24] *Ibid.*, p. 161.
[25] *Ibid.*, p. 163.

tico respecto a que una política monetaria de tasas de interés pueda influir en la tasa de inversión. Y continúa diciendo: *Y espero ver al Estado, que es quien puede tener una posición mejor para conocer la eficiencia marginal del capital a larga vista, tomar cada vez más parte en la organización de la inversión, y así compensar los efectos en las expectativas sobre la eficiencia marginal del capital a que pueden dar lugar las fluctuaciones de los mercados, en relación con una tasa de interés particular.*[26]

9. De esta observación de Keynes han tomado su punto de partida las políticas de planeación del desarrollo. Sin embargo éstas, por muy ciertos que sean los datos en que se funden, difícilmente pueden tener resultados, si al mismo tiempo se hacen políticas económicas contradictorias que no postulen ni hagan posible el que se consigan las condiciones de la "edad de oro", que son las que permiten que los planes puedan realizarse. Éstas, como tantas veces hemos repetido, son fundamentalmente dos: la flexibilidad de la tasa de interés a la baja y que el crecimiento del salario real sea proporcional a la productividad de la economía.

Cuando no es así, la desproporción de los precios respecto a los costos primos, generalmente determinada por la desproporción de la participación de la ganancia respecto al crecimiento del salario, genera la inflación. La inflación no sólo es expresión del mal funcionamiento de la economía, sino que también es el vehículo por el que se trastorna el buen funcionamiento, desequilibrando la distribución del producto entre los factores de producción.

En el fondo, las observaciones de Keynes sobre las dificultades e incertidumbres en la fijación de las expectativas a largo plazo no son otra cosa que la expresión implícita del mal funcionamiento de las economías, puesto que si las economías funcionaran

[26] *Ibid.*, p. 164.

correctamente con un mecanismo de distribución del producto entre los factores, proporcional al crecimiento del mismo, los cálculos matemáticos que Keynes considera de tanta dificultad podrían ser más aproximados a la realidad.

Las variables esenciales del crecimiento económico son dos: las variaciones de la productividad debidas a las condiciones exógenas del progreso técnico y las variaciones de la propensión al consumo de las ganancias.

Las primeras se traducirían en condiciones de equilibrio si el salario real creciera en proporción con el crecimiento del producto debido a las mismas variaciones del progreso técnico. Y respecto a la segunda, la estabilidad de la economía y de los precios estaría tanto más asegurada cuanto más estable sea la proporcionalidad de la propensión al consumo de las ganancias con el crecimiento del producto y del ingreso. En tales condiciones, las expectativas a largo plazo podrían tener mayores elementos de certidumbre.

En el fondo, los planeadores lo suponen así, porque confían en los postulados de la economía clásica respecto al salario (a que nos hemos referido en el capítulo I) y en que éstos se cumplan por sí solos, por el libre juego de las fuerzas económicas.

IV

No faltan quienes arguyen que el concepto keynesiano de eficiencia marginal del capital tiene cierta similitud con el concepto neoclásico de "productividad marginal", lo que a mi parecer no es correcto, pues la teoría de la "productividad marginal" tiene por objeto determinar la participación del capital en la distribución del producto, mientras que la teoría keynesiana se refiere a los elementos que pueden decidir a invertir o no el excedente del ingreso que no se consumió.

Por añadidura, la teoría de la productividad marginal adolece de la dificultad de que siendo difícil construir un agregado de los bienes de capital no es fácil determinar su cantidad, y por consiguiente el valor de los bienes de capital propende a ser estimado por su productividad, con lo cual la teoría de la productividad marginal del capital resulta tautológica.

En cambio, en la teoría keynesiana, tanto el concepto de costo como los rendimientos esperados son definidos concretamente en términos de las condiciones propias de los mercados y del sistema de precios.

Y aunque se pueda suponer que el costo de los bienes de capital puede estar influido por las expectativas de su rentabilidad, al propio tiempo que su rentabilidad influida por el costo, lo que no cabe duda es que la ventaja de rendimientos que se espera obtener respecto al costo es lo que constituye el aspecto positivo de la decisión de invertir.

El capital tiene un rendimiento efectivo y ese rendimiento se puede detectar por las relaciones relativas entre costo y rendimientos esperados.

El rendimiento efectivo del capital se entendería mejor si, usando la medición en unidad de salario en dinero, el costo de los bienes de capital se midiera en unidad de salario en dinero y los rendimientos esperados también.

Este concepto de eficiencia del capital se podría concretar mejor si tomáramos en consideración la simplificación wickselliana de la función producción $\frac{\gamma}{\chi}$, siendo γ el número de trabajadores dedicados a la producción de bienes de capital, y χ el número de trabajadores dedicados a utilizar bienes de capital para la producción de bienes de consumo y de uso. Así, en cuanto el numerador de esta relación aumenta relativamente al monto del denominador, está reflejando que la inversión en capital fue productiva en términos de ahorrar trabajo por unidad de producto, gracias a haber dedicado trabajo a la producción de bienes de capital.[27]

Esta relación es obviamente la expresión de productividad del capital en términos bien precisos. Y como en realidad es la determinación de la productividad del trabajo, difícilmente puede servir para formular una teoría de la distribución entre salario y ganancia ni para las decisiones de invertir, puesto que al aumentar el valor de esta relación está necesariamente aumentando la productividad marginal del trabajo, de los "trabajadores libres",[28] expresados en el denominador. Y por lo tanto, el salario ha de crecer para ser igual a la productividad marginal del trabajo, no sólo en la producción de bienes de consumo sino también en la producción de bienes de capital. Por lo que es obvio que la eficiencia física del capital no induciría a invertir con el propósito de obtener una ganancia de la inversión.

Posiblemente por intuir que es así, Keynes introdujo en la noción de "eficiencia marginal del capital" la tasa de interés, que en definitiva está prejuzgando o preconstituyendo una tasa de ganancia protegida por la propia tasa de interés.

Si la acumulación de capital fuera creciendo precisamente en función de su eficiencia física, descendería el rendimiento para el capital, conforme crece su acumulación, hasta llegar a cero.

Así pues, Keynes está introduciendo en el concepto de eficiencia marginal del capital el costo del dinero que se dedica a la inversión en bienes de capital y que tenderá a frenar el proceso de inversión en el punto correspondiente al costo del dinero.

Obviamente Keynes no ha tratado de hacer una teoría de la distribución, porque no podía desconocer las dificultades para hacerla; sino simplemente explica cómo la inversión se realiza o no —generando crisis

---

[27] Knut Wicksell, "Analysis of Akerman problem", en *Lectures on political economy*, Nueva York, The Macmillan Co., 1935, p. 291.
[28] Según los denomina Wicksell.

de desempleo— como consecuencia de las políticas de
tasas de interés que compensen, reduzcan o neutrali-
cen la eficiencia productora del capital.

Sin esta dualidad le hubiera sido difícil explicar el
porqué las decisiones de invertir no se corresponden
con las decisiones de no consumir.

En definitiva, lo que pone de relieve es lo que hoy
se ve muy claro, gracias a las exageradísimas tasas de
interés que se practican: que el costo, el valor, los réditos del dinero, tienen que actuar en contra de las decisiones de invertir (salvo que fuera muy alta la eficiencia física o material del capital).

En el fondo, la introducción de la tasa de interés
para definir la eficiencia marginal del capital es una
realidad del consenso económico que pone de manifiesto el gran contrasentido de la teoría económica convencional —arrancada desde la teoría clásica a que
tantas veces nos hemos referido en el curso de este
trabajo—, la dificultad de justificar la ganancia y el
error de considerar la ganancia como el motor esencial de la economía, lo que implica desconocer que el
salario ha de tender a ser igual a la productividad marginal del trabajo empleado en ambos sectores de producción, de bienes de consumo y de capital, para que
las economías funcionen correctamente.

V

Ahora bien, para que la tasa de interés pueda cumplir
la función que Keynes le asigna en la integración de
la eficiencia marginal del capital, de tal manera que
al capitalizarse los rendimientos esperados a una determinada tasa de interés éstos no sean inferiores al
costo actual de los bienes de capital, es menester que
la tasa de interés no resulte determinada por el proceso productivo mismo, sino que sea un fenómeno monetario absolutamente independiente de este proceso.

La determinación monetaria de la tasa de interés descansa, según Keynes, en el fenómeno de la "preferencia por la liquidez", en que por la naturaleza especial del dinero se prefiere tener líquido, aun sacrificando un rendimiento o renta. Y por lo tanto, la tasa de interés es el *precio de no quedarse líquido,* concepto absolutamente inverso a la concepción tradicional.

De este modo, la alternativa entre quedarse líquido o invertir, da lugar a la insuficiencia de la demanda efectiva y el desempleo.

Como Keynes se encontró con el problema de que al descender el empleo y la demanda efectiva desciende el dinero para la circulación industrial, ha de quedar dinero líquido, lo que le hizo suponer que el deseo de quedarse líquido podía ser determinante de las variaciones de la inversión.

Y lo justifica plenamente con el ejemplo (o con el caso particular si se quiere decir de otra manera) de las reacciones de los mercados de valores, singularmente de renta fija, que experimentan baja en sus cotizaciones en función de las expectativas al alza de la tasa de interés, lo que ocasiona pérdidas al inversionista. Y usó este hecho para convencer a los ingleses de que era explicable el desempleo, puesto que en tales circunstancias podía ser mejor quedarse líquido que invertir. Y por lo tanto, daba origen a la "preferencia por la liquidez".

Si en vez de adoptar explicación tan concreta de la preferencia por la liquidez, como consecuencia de las expectativas de variación de las tasas de interés mismo, se llega a un concepto más general de "aversión al riesgo" que toda inversión puede producir, se advierte claramente que aun donde no hubiera mercado de valores tan organizados, o en el supuesto de que las tasas de interés tendieran a ser estables, podría haber sin embargo una preferencia por estar líquido, en función de una aversión más general al riesgo, por diferentes motivos concretos y de carácter general, así como de confianza.

Incluso los neomonetaristas consideran como mo-

tivos de preferencia por la liquidez las variaciones de
los precios. Y aunque la tendencia al alza de los precios llevaría más bien a disminuir la preferencia por
la liquidez, es muy posible que en ese contexto quepa
una preferencia a estar líquido, cuando ante la tendencia al alza general de los precios se quiere tener dinero
para adquirir bienes en el momento más apropiado.
(Esto se advierte con bastante claridad en lo que se
refiere a la preferencia por la liquidez para estar en
condiciones de adquirir monedas extranjeras, o también en lo que se refiere a las fluctuaciones del mercado del oro.)

Ahora bien, si en vez de la explicación concreta de
la preferencia por la liquidez por la variación de los
mercados de valores, en función de las expectativas
de variación de la tasa de interés, vamos a un concepto
más general de preferencia por conservar la liquidez,
caeríamos de nuevo en un círculo vicioso. La preferencia por conservar la liquidez determina la restricción
de la inversión, y la restricción de la inversión determina estar líquido. Y no podríamos salir de él sin que
la tasa de interés estuviera determinada también por
otro elemento: la cantidad monetaria.

Si la tasa de interés está determinada por la concurrencia de la preferencia a la liquidez y la cantidad
monetaria, como es la teorética keynesiana, tenemos
una tasa de interés independiente que puede influir
en retraer las decisiones de invertir cuando sea superior a la eficiencia marginal del capital, en cuyo caso
sería difícil determinar cuál es el elemento que más
ha de pesar: la cantidad monetaria o la preferencia a
la liquidez. El peso de una y otra determinará una tasa
de interés concreta que influye en la eficiencia marginal del capital y en las decisiones de invertir.

De los dos elementos que se combinan en la determinación de la eficiencia marginal del capital se puede
suponer que lo más decisivo en las decisiones de inversión son las variaciones de la tasa de interés. Dada
la importancia del progreso tecnológico que favorece
la productividad física del capital, no es de suponer

que la eficiencia marginal falle, tanto por este motivo como por el de la elevación de la tasa de interés. Las fluctuaciones, y aún más las elevaciones drásticas de la tasa de interés, son tan notorias que permiten considerarlas como decisivas en el retraimiento de la inversión (sin dejar de considerar por ello su indispensable comparación con la productividad física del capital).

La tasa de interés, al determinar el valor actual de los rendimientos esperados del capital, reduce éste cuanto más alta sea la tasa de interés vigente a la que se han de capitalizar aquéllos. Y por lo tanto muestra la discrepancia de este valor actual con el costo de la oferta de los bienes de capital.

No parece que sea fácil avanzar más en este punto, aunque hay que reconocer que no nos puede dejar del todo satisfechos, en razón del empeño tan general como impreciso de dar prioridad a la ganancia como motor del funcionamiento de la economía.

Es muy posible que este gran dilema quedara resuelto si los bancos centrales fijaran una tasa de interés moderada del orden de la usada antes de la primera guerra mundial, que dio lugar al desarrollo de las economías y de los sistemas monetarios y bancarios mundiales. Y con mayor razón cuando el sistema no tiene que sufrir las pequeñas fluctuaciones de las tasas de interés a que daban lugar las variaciones de las reservas monetarias.

Es pues imposible prescindir de la tasa de interés para integrar el concepto de la eficiencia marginal del capital, tanto en los términos de la teoría keynesiana como en cualquier otro criterio que tome en consideración el valor y el costo del dinero y cualquiera que sea la eficiencia física, que es el aliciente positivo para la inversión.

Aparentemente, lo más razonable sería considerar la propensión al consumo que mide el excedente del ingreso como determinante de la inversión, siempre que la política monetaria de la tasa de interés no se encargara de romper tan razonable tendencia.

La alternativa entre invertir la parte del ingreso no

destinada al consumo o conservar el dinero líquido no descansa tampoco en las expectativas sobre el poder adquisitivo del dinero. Si éstas son decrecientes, como es lo más normal, parecería contrario a la tendencia de conservar el líquido, en vez de consumir o invertir. Mientras que las expectativas de alza del poder adquisitivo del dinero no son realistas ni lógicas, porque si provocan retraimiento de la inversión no puede aumentar el poder adquisitivo del dinero.

La suposición de la "neutralidad del dinero" sería racional, porque el dinero no produce nada por sí mismo. Si las políticas monetarias no se encargaran de desviarlo de la neutralidad, haciendo que la creación monetaria no sea el correlativo de la demanda efectiva, al nivel máximo de utilización de los recursos humanos, naturales y de técnica disponibles, del pleno empleo, en sentido técnico, nada produciría.

VI

Para entender mejor el efecto de la tasa de interés en la eficiencia marginal del capital (el libro 4o. de la *Teoría general del empleo*) es menester darse cuenta de que la preocupación de Keynes, a pesar de que el libro se intitula "Lo que induce a invertir",[29] no son tanto las decisiones positivas de la inversión como lo que da lugar a que la inversión se restrinja para no cubrir la diferencia entre el ingreso y la demanda efectiva D_1 con el gasto y el empleo en inversión D_2. Y así, la insuficiencia de la demanda efectiva y el desempleo resulta por deficiencia de la inversión.

No parece que la deficiencia de la inversión haya de descansar en la falta de eficiencia física del capital, pues el progreso de las demás ciencias determina amplias posibilidades de incremento de la productivi-

[29] J.M. Keynes, *op. cit.*, p. 133.

dad de los medios de capital. A una tasa de interés suficientemente baja será siempre fácil encontrar empleo de mano de obra en producción de bienes de capital que tenga eficiencia bastante, en el sentido de incrementar la productividad del trabajo (o si se quiere decir del capital), a efectos de ofrecer una eficiencia positiva.

Esto se entiende mejor si tomamos en consideración la expresión simplificada de Wicksell de la función producción $\frac{\gamma}{\chi}$, también un bien producido por el trabajo (trabajo y tierra ahorrados).

Y así, conforme aumenta el número de trabajadores dedicados a la producción de bienes de capital, aumenta el capital medido en unidades salario, relativamente al número de trabajadores que se consideran incluidos en el denominador χ dedicados a la utilización de los bienes de capital para la producción de bienes de uso y de consumo, aumenta obviamente la productividad de trabajo, y puede entenderse también que aumenta la eficiencia del capital mismo.

Pero en el capítulo 11 de la *Teoría general del empleo*, Keynes no mide las magnitudes en unidades salario; se refiere al costo y valor actual del capital y a los rendimientos esperados del mismo durante su vida útil, puesto que así es como se calcula la eficiencia del capital a los efectos de decidirse a invertir, lo cual destaca más claramente el peso de la tasa de interés en estas decisiones y origina ciertas complicaciones que debemos mencionar someramente.

El valor costo de los bienes de capital en cada momento tendrá tendencia a aumentar conforme aumenta el empleo en los términos y condiciones a que nos hemos referido en la teoría de los precios. Pero el rendimiento esperado del capital depende de las expectativas respecto al futuro de los precios. Éstos suelen ser crecientes si aumenta el empleo; pero no es seguro que hayan de ser recíprocamente decrecientes cuando el desempleo desciende. De aquí que en la tendencia hacia el desempleo debían ser mayores las expectativas de rendimientos esperados del capital, si hubiera decrecido también el costo actual de los bienes de capital. Ello podría dar lugar a que en el desempleo pudiera suponerse un incremento de eficiencia marginal que invite a aumentar el empleo. Sin embargo, no parece plausible elevar esto a generalización y, en cambio, parece que en términos más generales pueda decirse que los incrementos en los rendimientos esperados del capital se corresponden con mantener la misma relación con el crecimiento del costo de los bienes de capital, aunque variara el nivel del empleo.

Estamos haciendo caso omiso de las desviaciones de las expectativas de rendimientos del capital señaladas por Keynes, debidas al funcionamiento de los mercados de capital, en los que la política de inversiones no obedece a normas de más "perfecta previsión".

En términos generales, puede decirse que no será del lado de la eficiencia del capital de donde resulte el retraimiento de la inversión cuando en determinadas circunstancias la baja eficiencia del capital no invite a una inversión satisfactoria; sino que el determinante más importante de las decisiones de no invertir parece ser la tasa de interés, como elemento negativo o restrictivo de la inversión (relativamente a la eficiencia del capital). Keynes seguramente nunca previó que las tasas de interés llegaran a los niveles restrictivos a que llegaron en las últimas décadas.

VII

En consecuencia, parece que lo más importante es apreciar en qué medida el mecanismo del sistema económico obliga a una determinada tasa de interés a que produzca el efecto restrictivo de la inversión, del empleo y del producto.

No tiene caso glosar pormenorizadamente el capítulo 13 "Teoría general de la tasa de interés", ni el 14, en que se hace la crítica a la "Teoría clásica de la tasa de interés", porque son sobradamente conocidos.

Basta con señalar que si se acepta que el ahorro tiene que salir de un nivel de ingreso dado y la inversión determina el ingreso, la tasa de interés no puede ser la confrontación de ahorro e inversión que son necesariamente iguales, sino el determinante del nivel del ingreso.

Sin embargo, conviene destacar las referencias a Marshall y a Ricardo, contenidas en el Apéndice al capítulo 14.[30]

Marshall da por supuesto la igualdad ahorro-inversión, puesto que la demanda para inversión en bienes de capital determinará necesariamente la oferta correspondiente, en definitiva, por el empleo de fuerza de trabajo para producir los bienes de capital.

Ricardo (citado también por Keynes) es bien explícito: "El interés del dinero no está relacionado con la tasa a la cual la banca quiere prestar, bien sea el 5, el 3 o el 2%, sino con la tasa de ganancia que produce el empleo del capital, y es totalmente independiente de la cantidad o del valor del dinero. Lo mismo es que la banca preste un millón, diez millones o cien millones." Ello no "alterará permanentemente" la tasa de interés del mercado. El negocio será el mismo, aunque con mayor cantidad de dinero.

La suposición en la que se basa esta proposición es, como en todos los escritores clásicos, el supuesto del pleno empleo en que no hay oferta de mano de obra disponible, suponiendo, *ceteris paribus*, que no hay desviaciones en las propensiones psicológicas ni en las expectativas y solamente las variaciones de la cantidad monetaria.

La teoría de Ricardo es válida en el sentido de que sólo hay una tasa de interés compatible con el pleno empleo.

Ricardo, como sus sucesores, pasan por alto que es posible un nivel de empleo que no sea el pleno empleo,

[30] J.M. Keynes, *op. cit.*, cap. 14, p. 186.

correspondiente a la política de la tasa de interés.

Si Ricardo hubiera contemplado los tiempos presentes, su proposición seguiría siendo válida. Suponiendo salarios monetarios flexibles, la política de variaciones de la cantidad de dinero sería nugatoria, pero no los términos en que se aplique esta política, por variaciones de la tasa del redescuento o por operaciones de mercado abierto, en cuyo caso no hay una sola tasa de interés, la correspondiente al pleno empleo, sino que puede haber dos posiciones: la de pleno empleo y la de una situación inferior al pleno empleo, en que la preferencia a la liquidez es absoluta y el salario tiende a caer sin límite por la fútil concurrencia de los trabajadores no empleados dispuestos a un bajo salario con la esperanza de tener trabajo.

Pero para Ricardo, más congruente que sus sucesores, sólo hay una posible tasa de acumulación que corresponde a la eficiencia marginal del capital.

Suponiendo dadas las propensiones psicológicas de la comunidad, hay solamente una tasa de acumulación posible, y consecuentemente sólo una posible eficiencia marginal del capital, correspondiente al pleno empleo.

Ricardo, con su superior inteligencia, nos ofrece un modelo hipotético que no se alcanza en la realidad por la incongruencia con que se manejan los conceptos fundamentales de la propia teoría económica y por las políticas de tasa de interés incompatibles con el pleno empleo.

Son varias las teorías que pretenden justificar y determinar la tasa de interés, que voy a pasar a relatar muy someramente.

En primer lugar, la teoría clásica o neoclásica de la tasa de interés determinada por la interacción de la oferta de ahorro con la demanda para inversión, respectivamente la disposición a ahorrar y las expectativas de productividad del capital.

Como esta tasa de interés estaría determinada por el propio proceso de ahorro e inversión, no puede constituir algo diferente del mismo, ni ser obstativo a que el gasto en inversión cubra el deficiente del ingreso gastado en la demanda para consumo. Por añadidura, Keynes demuestra cumplidamente que si ahorro e inversión fueran cambiantes, la tasa de interés determinada por la confrontación de ahorro e inversión (que axiomáticamente tienen que ser iguales) sería indeterminada. En la concepción neoclásica, en que el ahorro se supone que es función creciente de la tasa de interés y la inversión función decreciente de la misma, la coincidencia de ahorro e inversión no puede representar más que una definición de equilibrio, que es la llamada "tasa natural wickselliana". En la concepción keynesiana, ahorro e inversión son axiomáticamente iguales a cualquier tasa de interés.[31]

En segundo lugar, la llamada teoría de los "fondos prestables" que añade a la teoría clásica o neoclásica de la tasa de interés las variaciones de la cantidad monetaria y el atesoramiento o desatesoramiento. La objeción señalada a la teoría clásica se aplicaría al juego del ahorro y de la inversión en la determinación de la tasa de interés y sólo resta de la teoría de los fondos prestables la confrontación de las variaciones de la cantidad monetaria con el atesoramiento que se puede asimilar a la preferencia a la liquidez, nada más que definiendo el atesoramiento como propensión a atesorar.

En tercer lugar, la modificación Hicks-Hansen a la teoría keynesiana de la tasa de interés, que pretende reivindicar la teoría neoclásica para fijar la tasa de interés en cuanto esté determinado el nivel de ingreso. Pero cae en el mismo error que los clásicos, pues suponer dadas ciertas variables, como la cantidad de dinero y la eficiencia marginal del capital, es de hecho suponer constante el ingreso, cuando lo cierto es que la tasa de interés determina el nivel del ingreso. Y no puede haber confrontación de la cantidad monetaria con las variaciones del ingreso más que si se supone que la cantidad monetaria no aumenta con el incremento del ingreso, o por el contrario, si la cantidad

[31] *Ibid.*, p. 175.

monetaria no desciende cuando el ingreso se reduce.

Por consiguiente, volvemos a parar a la explicación más plausible de la tasa de interés, que es la de la teoría keynesiana de confrontación de la preferencia a la liquidez con la cantidad monetaria.[32]

Si suponemos que la demanda de dinero para estar en dinero obedece al caso particular de la explicación keynesiana de las variaciones de la cotización de los valores en función de las expectativas de alza y baja de la tasa de interés, no sería explicación de la preferencia a la liquidez en los casos en que los mercados no están organizados para reaccionar en forma tan clara a las variaciones de las expectativas de variación de la tasa de interés; ni tampoco cuando por una razón u otra la tasa de interés tendiera a ser estable (lo cual tampoco descarta Keynes, si se consideran varios períodos). Si la tasa de interés tendiera a ser estable, no habría razón para explicar estas fluctuaciones de la cotización de los valores y por consiguiente la preferencia a la liquidez dejaría de tener este fundamento.

Sin embargo, aún en ausencia de esta explicación, no deja de haber en todas las economías una cierta preferencia a la liquidez, que resulta de hecho cuando al descender el gasto en consumo e inversión parte del circulante queda inactivo en los depósitos bancarios.

Ahora bien, esta masa de dinero líquido o de dinero que prefiere estar en dinero en vez de gastarse en consumo y en inversión, es una consecuencia del descenso de la demanda efectiva.

Sin embargo, la preferencia a la liquidez existe por sí misma, posiblemente por razones y pluralidad de motivos que pueden conceptuarse dentro de la expresión "aversión al riesgo" que comporta el no estar líquido. Y por el riesgo de pérdida cuando se deseara deshacerse de la inversión, así como para poder utilizar las posibilidades líquidas en otras actividades o finalidades. Esta cualidad del dinero de estar líquido ("fungible" como se dice en términos jurídicos) es tan

---

[32] J.M. Keynes, *op. cit.*, caps. 13 y 14, pp. 165 y 175.

ampliamente destacada por Keynes que no es posible
dejar de reconocerla.

VIII

Ahora bien, sea por motivos propios o como resultado del descenso de la inversión y del empleo, la preferencia a la liquidez se corresponde más o menos con
el descenso de la inversión y el descenso de la inversión se corresponde con la preferencia a la liquidez.
De aquí que Keynes haya comprendido claramente
que la tasa de interés no puede estar determinada por
la preferencia a la liquidez exclusivamente, sino por la
concurrencia de ésta con la cantidad monetaria.
Cuando se escribió la *Teoría general del empleo*, todavía las variaciones de la cantidad monetaria podían
estar determinadas por las "reglas del juego" que im-
ponía el "sistema del patrón oro", y por consiguiente
la cantidad monetaria podía tener cierta independencia del proceso de la demanda efectiva. Mientras que
en la actualidad, en que han desaparecido hasta los
últimos vestigios del sistema del patrón oro, no puede
caber duda alguna de que la cantidad monetaria ha de
estar determinada por las variaciones de la demanda
efectiva. Los banqueros crean dinero mediante crédito en descuento de las operaciones de compra-venta
de mercancías, es decir, de los movimientos de la propia demanda efectiva.
Y aunque se quiera distinguir el dinero creado por
la circulación industrial o de los negocios, del dinero
generado mediante créditos al gobierno para el gasto
público, no puede haber ninguna duda de que las variaciones del gasto público son también variaciones
de la demanda efectiva. (Y en ello estriba precisamente
la recomendación keynesiana de aumentar el gasto público para elevar la demanda efectiva, y de esta manera estimular la inversión y el empleo.)

Así pues, las variaciones de la cantidad monetaria que afectan la tasa de interés deben ser consideradas como consecuencia de la relación entre la cantidad monetaria y la demanda efectiva que, como Keynes señala explícitamente, afectan la tasa de interés.

Si llevando al extremo el argumento, supusiéramos que la cantidad monetaria y el crédito bancario sirvieran con toda amplitud las variaciones de la demanda efectiva, la tasa de interés bancario, o sea la que cobra el sistema bancario por la creación monetaria, tendería a ser cero, o el precio convencional del servicio de intermediación bancaria.

Por el contrario, si el sistema bancario restringe el circulante para no servir con fluidez la demanda transaccional y se reduce respecto a las variaciones esperadas de la demanda efectiva, la tasa de interés tenderá a subir y a ser más alta cuanto mayor sea esta discrepancia.

Si la cantidad monetaria se creara más o menos en función de la demanda transaccional, esto es, para servir la demanda efectiva, la tasa de interés reflejaría la cantidad y la confrontación de la misma con la preferencia a la liquidez.

Si a un nivel dado de la cantidad monetaria y de la demanda efectiva el sistema bancario restringe aquélla (en aras de la suposición de la teoría cuantitativa de los precios), se elevará la tasa de interés, lo que habría de generar la reducción de la demanda efectiva y aumentará la proporción de la cantidad de dinero que queda líquido. Sin embargo, el sistema bancario estaría siempre en posibilidad de flexibilizar la cantidad monetaria en función de las expectativas de la demanda efectiva, si es que ésta no está plenamente servida por la creación monetaria.

Por ello, se puede conjeturar razonablemente que la restricción monetaria respecto a la demanda transaccional que haría posibles las expectativas de la demanda efectiva es el principal responsable de la elevación de la tasa de interés y, por lo tanto, de la restricción de la inversión y del desempleo.

No obstante, en la realidad, puede haber una confrontación entre la cantidad monetaria creada por el sistema bancario y la parte de esta cantidad que se demanda para estar en dinero o para estar líquido, o sea preferencia a la liquidez. Y puede suceder que al aumentar la cantidad de dinero inactivo se eleve la tasa de interés por encima de la que hubiera determinado la cantidad monetaria en su relación con la demanda transaccional, por la que se carga una tasa dada.

Ahora bien, si la tasa de interés es, como dice la *Teoría general del empleo*, el precio o el premio por no quedarse líquido, tal tasa de interés a que dé lugar la liquidez puede obedecer tanto a las razones que motivan la preferencia como a la disponibilidad de las cantidades monetarias que permiten desahogar el deseo de estar líquido.

En el fondo hay dos tipos de tasas de interés, o mejor dicho, de relaciones que determinan cada cual su tasa de interés: la determinada por el sistema bancario debido a la relación de la creación monetaria con la demanda transaccional, y otra: la que están dispuestos a pagar los inversionistas que desean utilizar los fondos líquidos para inversión.

Obviamente el nivel de la primera influye en el de la segunda, más o menos en razón de la relación de la cantidad monetaria con la preferencia a la liquidez. Pero no es tan seguro que el segundo sirva de guía al sistema bancario para fijar la tasa de interés por la creación monetaria. En la realidad no suele ser así, pues los bancos centrales aducen pluralidad de motivos a los que más adelante nos referiremos para fijar la tasa de interés, no estrictamente como premio por no estar líquido.

Así pues, aun sin salirse de la teorética keynesiana de la tasa de interés, el determinante que suele tomar mayor fuerza es el de la cantidad monetaria, o mejor dicho, la tasa de interés que fija el sistema bancario por la creación monetaria, cuyas variaciones pueden guardar, más o menos, relación con las variaciones de la demanda efectiva.

Si la cantidad monetaria ha de crecer más o menos proporcionalmente en función de la demanda efectiva, es más verosímil que la proporción de la preferencia a la liquidez con la cantidad monetaria sea estable. Y ésta es la suposición de Kalecki.[33]

Si decrece la demanda efectiva, es natural que aumente la preferencia a la liquidez, o sea los depósitos inactivos, en relación con el descenso de la inversión. Entonces no se mantendría alta la tasa de interés (como suele suceder en los períodos de crisis por depresión) y si se mantiene alta la tasa de interés es porque así lo decide el sistema bancario, independientemente de las variaciones de la cantidad monetaria.

Como el sistema bancario puede estar en condiciones de flexibilizar la relación del crédito bancario respecto a la demanda transaccional, si es que éste no ha alcanzado ya su máximo, el sistema bancario está en condiciones de ampliar la cantidad monetaria, reducir la tasa de interés para hacer frente a la preferencia a la liquidez y procurar la reducción de la tasa de interés que se demanda por no estar líquido. Y así hacer posible el incremento de la demanda efectiva.

La realidad de las políticas monetarias seguidas en los últimos años justifica la proposición de que el elemento más importante en la determinación de la tasa de interés es la creación monetaria por el sistema de la banca central, según que guarde una relación con la demanda transaccional más o menos rígida, amplia o restricta. Y esto naturalmente influye la gama de las tasas de interés en los mercados de inversión.

IX

Ahora bien, las razones que suelen aducir los bancos centrales para elevar la tasa de interés, con indepen-

---

[33] Véase M. Kalecki, *Teoría de la dinámica económica*, México, Fondo de Cultura Económica, caps. 6 y 7.

dencia de la demanda transaccional, suelen ser las siguientes:

En primer lugar, como un residuo de las reglas del juego del funcionamiento del sistema del "patrón oro". Los bancos centrales suponen que elevando la tasa de interés se atraen fondos del exterior. La asimilación no es correcta: los fondos no se transfieren en oro, que servía de base al incremento de la cantidad monetaria, sino son transferencia de depósitos bancarios en el extranjero (lo que se llama imprecisamente divisas), los cuales no pueden ser utilizados por el banco central, que se supone los recibe, más que si se invierten en adquisición de mercancías o pago de servicios en el exterior. Estos movimientos de fondo se neutralizan con movimientos de mercancías, sin verdadera entrada de fondos externos y por consiguiente mal puede estimularlos la elevación de la tasa de interés.

Aunque se suponga que los fondos fueran fondos destinados a la inversión y atraídos por las altas tasas de interés que favorecen de este modo expectativas de mayores tasas de ganancia comparadas con las tasas de ganancia del país donde proceden, de cualquier forma el uso de estos fondos tiene que realizarse gracias al gasto en mercancías o pago de servicios en el país de procedencia, por lo que no puede decirse que signifiquen "dinero fresco" para la inversión. Ni se necesita tampoco creación monetaria para la inversión, puesto que los recursos de inversión resultan de la diferencia entre el monto del ingreso y el consumo, y que están en el sistema bancario nacional.

En segundo lugar, se arguye también que el alza de la tasa de interés puede hacer disminuir la tendencia a la evasión de capitales, o sea de las transferencias de las ganancias realizadas en un país, para su colocación e inversión en el exterior. No puede negarse que ello puede ser posible; pero la evasión de capitales suele estar determinada por el deseo de realizar las ganancias inflacionarias, convirtiéndolas a monedas de poder adquisitivo más estable, o por prevenirse de posibles devaluaciones del tipo de cambio. Y, por lo tanto, la elevación de las tasas de interés para contrarrestar estos movimientos de fondo tendría que ser tan alta como las expectativas de la devaluación misma, las cuales se acentúan también por el desequilibrio que generalmente provoca el alza del costo del dinero en la balanza de mercancías y servicios, en la reducción de la inversión, del ingreso y del producto.

En todo caso y aun suponiendo que fuera plausible que el alza de la tasa de interés frenara la evasión de capitales y los movimientos de fondos, podría bastar con mantener la tasa de interés que se paga a los depósitos a plazo, pero no habría razón alguna para encarecer la tasa bancaria, o sea la tasa de interés que cobra el sistema bancario por la creación monetaria y por el manejo del circulante, que son los depósitos a la vista que no suelen causar intereses o causan una tasa de interés mínimo.

No vale la pena mencionar siquiera el argumento de que las altas tasas de interés contienen la inflación. Antes al contrario, las altas tasas de interés se incorporan al costo y al proceso inflacionario de los precios, a interés compuesto.[34]

Solamente en el caso de la verdadera inflación en pleno empleo, en el cual la demanda efectiva eleva simplemente los precios sin poder elevar el producto, es cuando sería recomendable la elevación de la tasa de interés, para frenar el proceso del incremento inflacionario de la demanda efectiva. (Edad de oro restringida de Joan Robinson.)

El motivo principal que parece determinar la restricción monetaria y la elevación más o menos correlativa de las tasas de interés es la falsa suposición de la teoría cuantitativa de los precios, que lleva a creer que restringiendo el circulante se puede contener el proceso inflacionario sin afectar negativamente la inversión y el empleo.

En los países que tienen balanza de mercancías y

---

[34] Antonio Sacristán Colás, *Inflación, desempleo, desequilibrio comercial externo*, cit.

servicios fuertemente deficitaria y los acreedores se conforman con mantener sus saldos en depósitos en el sistema bancario del país deficitario, puede ser recomendable el mantenimiento de altas tasas de interés, para evitar pagar sus saldos y tener que transferirlos a solicitud del acreedor a otras economías. Éste es el caso de la economía norteamericana, que así puede mantener la cotización del dólar en los mercados, evitando que sus acreedores le reclamen sus saldos en depósito en el sistema norteamericano.

La otra suposición ampliamente rectificada por Keynes es que la tasa de interés eleva el ahorro. Aunque la tasa de interés pueda elevar la propensión a ahorrar, el ahorro global no puede aumentar si al propio tiempo la tasa de interés hace descender el ingreso y, por lo tanto, la magnitud del ahorro. La elevación de la tasa de interés sólo puede dar una falsa sensación de aumento del ahorro si por efecto de la tasa de interés se transfieren depósitos a la vista a depósitos a plazo que ganan intereses; los depósitos de ahorro que no pueden surgir de otra cosa que de los depósitos a la vista existentes no pueden aumentar si no aumenta el empleo y la demanda efectiva, lo cual no es verosímil si se elevan las tasas de interés.

El aumento de la proporción de los depósitos de ahorro respecto a los depósitos a la vista no es índice del aumento del ahorro-inversión, porque si este supuesto ahorro hubiera sido invertido, el circulante —o sea los depósitos a la vista— habría aumentado aún en mayor proporción por el efecto del multiplicador.

X

En consecuencia, podemos suponer que el determinante esencial de la tasa de interés es el precio de la creación monetaria que suele cobrar el sistema bancario para servir las necesidades transaccionales, en relación más o menos restringida con la demanda transaccional.

Si no son suficientemente claros los motivos referidos de elevación de las tasas de interés, sólo queda claro que la tasa de interés la determina preponderantemente el sistema bancario. Y que cuanto más estable y más baja sea la tasa de interés, mayores serán las posibilidades de producción y de empleo, de incremento del producto, del consumo, del ahorro y de la inversión. Y con ello, que el salario real sea igual o se acerque a la productividad marginal del trabajo, en el nivel que permitiría el pleno empleo, es decir, que se acerque a las condiciones que suponía la teoría clásica como condición de equilibrio económico.

Obviamente la tasa de interés podrá ser más estable y más baja cuanto menos se conciba el ejercicio de la banca y del crédito como una actividad lucrativa. Ésta puede ser remunerada en función del costo de servicio, lo más bajo posible; pero no es lícito lucrar con la creación monetaria y el manejo del dinero que no produce nada a menos que se emplee en adquirir la fuerza de trabajo para la inversión, el empleo y el producto.

Cuanto más alto sea el rédito o el costo en intereses que se paga por el dinero, más baja tiene que ser la tasa de crecimiento del salario real, y por ende la tasa de crecimiento del producto en términos reales.

El efecto negativo de las altas tasas de interés en el proceso de producción y del empleo es bien claro; sin embargo sigue siendo dudoso qué es lo que debe servir de base a los bancos centrales —que son el elemento principal en la determinación de las tasas de interés— para fijarlas.

Hasta el presente, aparte de la teorética keynesiana de la confrontación de la cantidad monetaria con la preferencia a la liquidez, no parece que pueda hallarse una relación en términos cartesianos de dos elementos cuya confrontación determinara la tasa de interés.

Es posible que la tasa de interés sea uno de esos elementos inciertos en la teoría económica del funcionamiento de las economías. Y sólo se pueda decir que aquélla no debe ser tan alta que restrinja la inversión y el empleo, ni tan baja que al propiciar la máxima acumulación de capital dé lugar a que la eficiencia marginal del capital tienda a cero, en méritos del rendimiento decreciente del mismo. Y entonces en una economía (tanto de sistema empresarial como de capitalismo de Estado) se propenda a destinar la mayor proporción del ingreso al consumo, dejando de lado la inversión; y por lo tanto las posibilidades de futuro de la acumulación que permita aumentar la productividad.

No es mucho decir, pero basta para hacer comprender que las políticas monetarias y de la tasa de interés han de procurar el crecimiento de la inversión, del empleo, del producto y de la acumulación, y especialmente cuando exista mano de obra involuntariamente desempleada.

Y aún me atrevería a hacer una observación como colofón. Ahí donde Keynes nos dice que sólo la experiencia puede permitir saber hasta qué punto una política de tasas de interés puede influir en mantener permanentemente una tasa de inversión adecuada, podríamos añadir sin temor a contrariar los principios keynesianos lo siguiente:

La experiencia puede determinar cuál puede ser la tasa de interés capaz de mantener de modo permanente un adecuado volumen de inversión.

Ésta y no otra debió haber sido la tarea de los bancos centrales y de las políticas monetarias en vez de preocuparse por hallar determinantes de la tasa de interés que sirvan para proteger el lucro en la creación monetaria y la remuneración de los préstamos de fondos de ahorro, con destino a la inversión. Lo cual es la causa fundamental de todos los desequilibrios y de lo que hemos dado en llamar crisis económicas.

Y tampoco consiguen un adecuado rendimiento real al dinero, puesto que para eso sería menester que la tasa de interés fuera la correspondiente a la eficiencia marginal del capital.

Como los bancos centrales olvidan tan importante teorema, fijan una tasa de interés que no guarda relación correspondiente con la eficiencia marginal y por consiguiente generan el desempleo, al propio tiempo que la inflación, a que da lugar el que los rendimientos monetarios y financieros sean superiores al rendimiento real de los negocios, a la eficiencia del capital.

APÉNDICE 1: OBSERVACIONES RESPECTO A LA APLICACIÓN DE LA PROPOSICIÓN KEYNESIANA DE CUANTIFICAR LAS MAGNITUDES ECONÓMICAS EN "UNIDADES SALARIO"

I

Tan importantes como las rectificaciones y críticas keynesianas a la teoría clásica y tradicional a que hemos hecho referencia en los cuatro capítulos anteriores, es la crítica que hace en su libro II, "Definiciones e ideas", respecto a las débiles bases de las cuantificaciones económicas, que pretenden hacer de la economía una ciencia matemática, a pesar de las imprecisiones y perplejidades de las cuantificaciones que Keynes califica como de burla.

Naturalmente esto es muy importante, pues todos los procesos de análisis matemático y econométrico están apoyados en esa forma imperfecta de cuantificar las magnitudes económicas.

En efecto, el concepto de dividendo nacional, desarrollado por Marshall, implica la estimación de los recursos para consumo y de capital, resultante al final de un período, después de deducir de él el capital existente al principio del período, menos el deterioro del mismo.

La dificultad de apreciar el "deterioro", pretende salvarla Pigou[1] suponiendo que el deterioro tienda a ser "normal", de lo cual no puede haber garantía, ni de que esta suposición sea válida. Singularmente, porque la sustitución de capital nuevo respecto al equipo antiguo generalmente comporta algún avance de progreso técnico. Por consiguiente, hace muy difícil que esta suposición pueda ser válida para llegar al dividendo nacional en el curso de un período.

Así pues, el concepto dividendo nacional es un concepto preciso y claro en *términos reales*, pero sumamente difícil de cuantificar, habida cuenta de la dificultad antes señalada y de la heterogeneidad de los bienes, que hace muy difícil su agregación.

Si a esto se añade que la productividad o valor del capital es independiente de su costo y sólo puede medirse en relación con sus rendimientos, se puede decir que el concepto de dividendo nacional es difícilmente cuantificable.

Las mediciones usuales son útiles en términos de la comparación de lo obtenido en un período respecto a otro, pero no pueden dar una determinación cuantitativa precisa del dividendo nacional, ni del ingreso y menos aún del producto.

Keynes, en el capítulo 4 de la *Teoría general del empleo*, sugiere la necesidad de encontrar unidades de medición precisas. Y éstas, a su parecer, son dos: la unidad salario y el dinero.

Si se tiene presente que el producto es consecuencia del empleo de unidades salario, éstas pueden servir para una medición correcta del producto.

Y, por otro lado, el dinero es necesariamente función del producto en términos monetarios, como consecuencia de la realización del mismo y de su distribución entre los factores de producción.

Así pues, la sugerencia de medir las magnitudes económicas en unidades salario merece la consideración que no le han dado los economistas posteriores a Keynes.

No hay duda que estas unidades de medición, dinero y unidades salario, tienen que ser determinables independientemente una de otra para que nos sirvan para cuantificar en qué proporción el incremento de la "demanda efectiva" expresa en parte incremento del producto y en parte incremento de los precios.

---

[1] J.M. Keynes, *op. cit.*, cap. 4, p. 37.

II

De las observaciones keynesianas a que nos hemos referido en el subcapítulo I, resulta claramente la inexactitud de las mediciones usuales. Por añadidura, éstas
dificultan el análisis económico, que debiera tener por
objeto explicar lo inexplicado e inexplicable de los
aumentos no deseados de los precios, y lo que no obedece solamente a la dificultad en la obtención de los
datos estadísticos sino a un error de concepto de las
mediciones. En efecto, si medimos el producto directamente en unidades monetarias, esta medición sólo
puede ser válida en el supuesto de estabilidad del valor
de la unidad monetaria. En las mediciones usuales se
supone que es así mediante el expediente de deflacionar a precios constantes. Pero entonces no podemos
medir el valor de la unidad monetaria, sino simplemente sus variaciones respecto a otro período anterior.

La sugerencia keynesiana de medir el producto por
las unidades trabajo empleadas en producirlo es más
correcta. Y si se tiene como dado el salario nominal,
puede medir el valor-costo del producto en unidades
salario en dinero. Como la nómina general de salarios
es un valor agregado, no importan ni las diferencias
de productividad ni de los distintos niveles de los salarios, a los efectos de la medición del producto global.

No es pues lo mismo ni indiferente medir el producto en unidades monetarias, que medirlo en unidades salario en dinero.

Y, por otra parte, el precio que se obtiene de la realización de la producción no es igual al valor-costo del
producto —la Y de Keynes—, es el valor-costo de la
producción más la participación de la ganancia.

Este valor se tiene como dado, independiente del
costo-valor del producto y de la ganancia, puesto que
la suma de ambos varía según el valor de cada uno de
sus componentes.

Dado el ingreso monetario —la Y de Keynes— como
resultado de las ventas de mercancías y servicios (que

no entran como insumos directamente productivos) y
el valor-costo del producto (medido por las unidades
salario en dinero), se puede obtener la participación
de la ganancia más los servicios no productivos, como
diferencia entre el ingreso dado Y y el valor del producto medido en unidades salario en dinero.

Y así parece que podríamos identificar mejor los
dos componentes de la demanda efectiva (ingreso): valor del producto e incremento de los precios, lo que
pone de relieve la importancia de tener en cuenta la
sugerencia keynesiana de medir las magnitudes económicas con dos elementos: el dinero y las unidades
salario en dinero, las ventajas sobre los métodos de
medición usuales y el cuantificar ambas magnitudes
con datos más precisos.

Las mediciones usuales de las magnitudes económicas ofrecen las dificultades que son sobradamente conocidas. En primer lugar, como el producto no es susceptible de ser agregado en términos "reales" por la
heterogeneidad de los diferentes productos, sólo se
pueden obtener índices físicos de crecimiento del producto en aquellas producciones que sean susceptibles
de hacerlo. Y, ponderadas debidamente, se puede suponer un índice general de incremento de la producción, que es una conjetura el que sea aplicable al resto de la producción cuyos índices no han podido ser
determinados físicamente.

Por añadidura, estos índices de incremento tendrán
validez para la determinación del producto si el producto anterior hubiera estado correctamente determinado y así sucesivamente.

He aquí por qué dice Keynes que las estimaciones
actuales nos sirven para determinar si hoy estamos
mejor que ayer y ayer mejor o peor que en el período
anterior.

En segundo lugar, las variaciones de los precios sólo
pueden obtenerse por encuestas de los diferentes productos, más o menos seguras. Y ponderándolas debi-

damente por las magnitudes de producción, obtener lo que se supone el índice de los niveles generales o absolutos de los precios. Pero el valor de la ponderación depende de lo correctas que sean las mediciones de las distintas magnitudes de producto, las cuales ofrecen las dificultades señaladas en el párrafo anterior.

El uso de los números índices de variación de los precios para el cómputo del producto está presuponiendo que el salario real aumenta proporcionalmente con la productividad del trabajo y que los precios aumentan cuantitativamente con la baja del poder adquisitivo del dinero. Pero en la medida en que el crecimiento del salario no sea proporcional al crecimiento del producto por aumento de la proporción de la participación de la ganancia, que es el supuesto más general, el ingreso a precios constantes nos daría un producto menor del real.

En tercer lugar, la medición del ingreso monetario por la agregación de las investigaciones o encuestas relativas a las ventas de los distintos productos, no puede asegurarse que sea absolutamente correcta.

El ingreso resulta desproporcionado con el producto por desproporción de la participación de la ganancia, fundamentalmente por desproporción de la propensión al consumo de las ganancias, porque la parte de la ganancia dedicada a la inversión eleva la nómina general de salarios y suele elevar, en mayor o menor proporción, la productividad general del trabajo.

Y por lo tanto, la variación de la proporción o propensión al consumo de las ganancias hará variar el ingreso desproporcionadamente con el producto determinado por el salario real y su productividad.

Así pues, la propensión o proporción del consumo de las ganancias es el determinante más general de las variaciones de los precios y por consiguiente de la disminución o del aumento del salario real.

Si deflacionamos el ingreso global así obtenido, por el índice general de variaciones de los precios, o en cada una de ellas por los índices especiales de variación de los mismos, obtenemos el ingreso a precios constantes; pero no nos pueden dar la estimación correcta del producto, pues ello equivale a suponer que el incremento del producto no comportó, como suele suceder, incremento de los costos y precios.

En cuarto lugar, como se toman por dadas las variaciones de los precios, mejor o peor estimadas, se elude la investigación de las causas de dicha variación. En el fondo se está suponiendo que el incremento del producto reduce la elevación de los precios, debido a las leyes de la oferta y la demanda; lo que implica ignorar el principio de la "demanda efectiva".

Ésta es posiblemente la razón del porqué hay tantas dificultades para definir el concepto de inflación y para la determinación de las causas de la misma.

En quinto lugar, el monto del ingreso o del producto se obtiene por agregación de los diferentes factores. En cambio, en la sugerencia keynesiana se propone confrontar el "dinero" con las unidades trabajo empleadas en la producción. El dinero es una magnitud dada globalmente por la creación monetaria que implica el ejercicio de la demanda efectiva que significa incremento del ingreso. Y cotejándola con la productividad del empleo, es racionalmente posible determinar qué parte del ingreso monetario global o de la demanda efectiva corresponde a crecimiento del producto y qué parte corresponde a aumento de los precios.

III

Con el simple objeto de poner de manifiesto lo razonable de la sugerencia keynesiana de medir las magnitudes económicas con base en "unidades salario" y "dinero", hacemos las siguientes observaciones, que pueden también ser consideradas como proposiciones que pudieran servir de base para instrumentar un método de medición que desarrolle dicha sugerencia.

En primer lugar, como no es factible la agregación en "términos reales" de los diferentes bienes producidos, dada su heterogeneidad, tenemos que contentarnos con la expresión keynesiana Y, que significa el ingreso monetario como producto por precios.

En segundo lugar, el ingreso monetario (demanda efectiva correspondiente a un período) es una magnitud dada por el monto de la cantidad monetaria, "dinero", creado para satisfacer la demanda efectiva, esto es, el ingreso monetario. Y puede obtenerse, sin necesidad de la agregación de sus distintos componentes, por el monto de los pagos y cobros realizados por el sistema bancario y monetario que no impliquen pagos intermedios, que no comportan variación del ingreso (y que, como veremos más adelante, éste podría obtenerse directamente de la confrontación de los pagos monetarios y bancarios, en relación con el aumento de los depósitos bancarios).

En tercer lugar, este ingreso dado, producto por precios, se reparte necesariamente entre crecimiento del producto y aumento de los precios.

a] Tomando en cuenta que el capital es también un bien producido por el trabajo, el producto real es obviamente las unidades salario empleadas por la productividad de las mismas.

La productividad de las unidades salario puede medirse, teniendo en cuenta la simplificación wickselliana

$\dfrac{\gamma}{\chi}$, siendo γ el número de trabajadores dedicados a la producción de bienes de capital, sobre χ el número de trabajadores "libres" que utilizan los bienes de capital en la producción de bienes de uso y de consumo. Cuanto mayor sea esta relación, es decir, mayor la fuerza de trabajo dedicada a la producción de bienes de capital relativamente a la fuerza de trabajo que usa los bienes de capital, mayor será la productividad de la economía, expresada como productividad del trabajo productivo.

Así pues, el indicador más preciso del incremento del producto puede encontrarse en las unidades salario empleadas. Y como se trata de relacionar las unidades salario con el dinero, o sea con el ingreso monetario, puede tomarse la nómina general de salarios $E = NW$, siendo N el número de trabajadores empleados y W el salario por unidad de trabajo.

La relación del ingreso monetario con la nómina general de salarios, esto es, la participación del salario en el ingreso, suponemos que expresa por su recíproco la productividad nominal de los salarios gastados para obtener un ingreso nominal, esto es, la productividad puramente nominal de la nómina general de salarios. Y por lo tanto, constituirían un buen indicador de la productividad del salario y de la magnitud del producto.

b] Por otra parte, las variaciones de la proporción de la participación de la ganancia respecto al ingreso son indicativas de las variaciones de los precios respecto al costo primo en salarios.

Es más general el aumento de los precios por aumento de la proporción del consumo de las ganancias y de la participación de la ganancia, que por aumento de los salarios nominales, porque para que esto fuera así sería menester que el salario nominal creciera más que la productividad del trabajo. Y para aumentar los salarios nominales es menester el acuerdo con los empresarios que los emplean, mientras que para elevar las ganancias basta simplemente con aumentar los precios.

De cualquier forma, la cuantificación en unidades salario en dinero permite detectar si la tasa de crecimiento de W es mayor que la tasa que expresa la relación $\dfrac{NW}{Y}$, lo que querrá decir que se ha incrementado el salario nominal más que la productividad del trabajo.

En cuarto lugar: como Y, el ingreso de Keynes, es igual a salarios más ganancias, podríamos escribir Y igual a la proporción de la participación de los salarios en el ingreso, más la proporción de la participación de las ganancias en el ingreso.

Si ambas magnitudes las expresamos como proporciones respectivas del ingreso, podríamos escribir:

$$\frac{NW}{Y} + \frac{Y - \dfrac{Y}{NW}}{Y}$$

que es igual a la unidad, es decir la proporción de la participación del salario, más la proporción de la participación de la ganancia.

La participación de la ganancia se expresa por la diferencia del ingreso Y (obtenido de fuentes distintas) menos la proporción de la participación del salario $\dfrac{Y}{NW}$.

Esta expresión nos permite advertir claramente que si el primer sumando crece en mayor proporción que el segundo está indicando aumento del producto real; mientras que si, por el contrario, el segundo sumando crece más que el primero, sería indicación de un incremento de los precios.

Si la proporción de la participación de la ganancia respecto al ingreso fuera estable, la relación $\dfrac{Y}{NW}$ como participación del salario en el producto daría la expresión de la productividad, porque los precios serían estables en términos de salarios nominales. Naturalmente la relación de $\dfrac{Y}{NW}$ dividida por el número de unidades sería la expresión del salario real y por lo tanto la relación de salario real a producto real.

Como generalmente no es así, sino que la proporción de la participación de la ganancia respecto al producto puede variar por variación de los precios, variaría el ingreso, y por consiguiente reduce o aumenta necesariamente la relación $\dfrac{NW}{Y}$, que expresa la productividad nominal del salario. Y ésta seguiría siendo la determinación del salario real como proporcionalidad de la nómina de salarios con el ingreso monetario;

pero los aumentos de la participación de la ganancia reducen necesariamente el salario real, así como sus reducciones lo elevan.

En quinto lugar: sin embargo, la expresión $\dfrac{NW}{Y}$ podría ser estable en dos casos extremos:

i] en el caso de que los salarios nominales crecieran exactamente con la productividad del trabajo;

ii] en el caso de que los salarios nominales crecieran con cero productividad, o cero incremento del producto (pura inflación de salarios); puesto que, en ambos casos, las variaciones del salario nominal se reflejarían exactamente en variaciones del ingreso Y y la elasticidad de los salarios a las variaciones del ingreso e_w resultaría ser la unidad;

iii] este supuesto, que es seguramente el más realista: todos los casos intermedios, en los que el salario no crece exactamente con la productividad, ni el producto es cero. Por consiguiente, la aparente relación de productividad de la nómina general de salarios con el ingreso no sería real en todos los casos en que el salario nominal creciera sin guardar proporción con la productividad.

Es decir, en el supuesto de elasticidad del salario respecto a la demanda efectiva $e_w = 1$, y la elasticidad del producto $e_o > 0$, y la elasticidad del salario $e_w > o < $ que e_o (elasticidad del producto).

Para obviar esta dificultad, podría ser útil obtener índices de productividad de los salarios en diferentes productos, como productividad por hombre empleado, debidamente ponderados. Y cotejar este índice con la relación $\dfrac{NW}{Y}$.

En sexto lugar: se podría también resolver esta dificultad por el expediente de "deflacionar" tanto el ingreso como la nómina general de salarios, a "salarios monetarios constantes", en toda la formulación anterior. Con lo cual eliminaríamos el efecto de las variaciones de los salarios nominales y quedaría la relación $\dfrac{NW\ (\text{deflacionado})}{Y\ (\text{deflacionado})}$, que podría tomarse entonces como indicación más precisa de la productividad del salario, en términos de ingreso monetario.

Al deflacionar la proporción de la participación de la ganancia también a salario monetario constante, sería rigurosamente exacta la participación de la ganancia, puesto que en el denominador Y estaría eliminada la variación de los salarios nominales y, en el numerador —el sustraendo de la participación del salario— estaría eliminada también la variación de los salarios nominales, que obviamente disminuye la participación de la ganancia.

De este modo, podríamos decir que la relación $\dfrac{NW}{Y}$ deflacionado es una relación de productividad del salario y la relación $\dfrac{Y - \dfrac{Y}{NW}}{Y}$, deflacionados también, *es la correcta expresión de la participación de la ganancia en el producto.*

Por último, si al ingreso efectivamente realizado y cuantificado por vía independiente de esta formulación (tal como veremos más adelante) le aplicamos la proporción que significa la relación de la nómina general de salarios deflacionada con el ingreso, tendríamos la proporción de la demanda efectiva (o sea el ingreso) que corresponde al producto; y el resto del ingreso monetario resultaría ser la expresión de las variaciones de los precios, tanto debido a las variaciones de la participación de la ganancia como a las variaciones de los salarios nominales.

En esta medición, además, estamos teniendo en cuenta los casos en los que el incremento del producto está determinando a su vez crecimiento de salarios y precios.

Eventualmente, en la medida en que sea posible identificar la parte de la nómina de salarios dedicados a la producción de bienes de capital, se podría tener una determinación de la inversión medida por su costo en salarios y de la proporción o propensión del consumo de las ganancias, incluidos en este concepto todos los gastos públicos y de servicios públicos y privados que no entran como insumos directos en la producción.

Y otros muchos desenvolvimientos que no podemos alcanzar a presentar aquí.

Keynes supone que los empresarios adquieren los bienes de capital de otros empresarios, pero como para éstos la producción de los mismos y su realización se compondrá también de los dos elementos, nómina general de salarios directos o estimados para los bienes de capital que entran en la producción de los bienes de capital mismo, y participación de la ganancia, se puede adoptar el método de cuantificación propuesta en unidades salario e ingreso monetario para el conjunto global de la producción de bienes de consumo y de bienes de capital.

Este método de cuantificación es igualmente utilizable para la economía en general que para un sector de la producción, así como para una empresa o una industria en particular.

Y naturalmente las ventajas prácticas de su aplicación tienen que ser comprobadas con verificaciones estadísticas que no estamos en condiciones de hacer aquí.

IV

Para completar el argumento necesitamos hacer algunas observaciones respecto a la determinación del ingreso monetario.

Se trataría pues ahora de determinar la significación de la otra unidad de medida keynesiana, el *dinero*. Y examinar cómo puede éste ser cuantificado, a los efectos de usarlo como unidad de medida en relación con la unidad salario:

1. En primer lugar, obviamente el dinero, o sea el ingreso monetario, tiene que ser determinado indepen-

dientemente de la suma de la nómina de salarios y de la participación de la ganancia, tal como lo hemos expresado en el subcapítulo anterior.

Si la medición del elemento *dinero* no se pudiera hacer independientemente, sería muy difícil determinar con precisión la proporción de la participación de la ganancia respecto al producto y la productividad real o monetaria del salario respecto al crecimiento del ingreso.

2. En segundo lugar, para afinar el concepto dinero como unidad de medida tenemos que descartar que, para Keynes, *dinero* es la simple expresión de la cantidad monetaria o de sus variaciones respecto a una situación anterior. Puesto que para Keynes la teoría cuantitativa de los precios queda circunscrita al caso conceptual teórico del pleno empleo, en el cual, como el producto ya no puede crecer más porque en el pleno empleo, en sentido técnico, se han agotado hasta el máximo las posibilidades de incremento de la productividad de los factores, el incremento de la cantidad monetaria se traduce solamente en alza de precios.

3. Las cantidades monetarias son susceptibles de cuantificar independientemente del proceso productivo.

Para ponerlo de manifiesto, tenemos que hacer algunas asimilaciones de conceptos que pueden parecer rudas, pero que no lo son, si se aprecian en su exacta significación.

i] El total del ingreso es el resultado de las ventas como suma de los dos elementos, salarios y ganancias;

ii] *dinero* a estos efectos, tiene que ser el dinero creado y puesto en circulación por el sistema monetario y bancario para hacer frente al pago de las ventas de mercancías y de los servicios. Y en este sentido es la expresión de la "demanda efectiva";

iii] en primer lugar, Y, para Keynes, es el ingreso monetario y a la vez la expresión monetaria del producto; puesto que el producto no puede ser medido agregadamente en términos reales;

iv] en segundo lugar, Y, el ingreso expresado en

dinero, es al propio tiempo la expresión de la demanda efectiva como punto de coincidencia de la demanda con el costo agregado de la oferta. Principio sin el cual no podría comprenderse cómo puede realizarse la producción ni cómo puede haber demanda para consumirla. La demanda efectiva corresponde a cada nivel de empleo, es decir, hay una demanda efectiva para cada nivel de empleo. Por lo tanto es posible comparar el empleo medido por unidades salario, o unidad de salario en dinero NW, con la demanda efectiva que corresponde a tal nivel de empleo;

v] en tercer lugar, no es correcta la suposición de que el sistema bancario puede crear dinero por encima de la demanda transaccional. Normalmente no suele ser así; pues la creación monetaria se produce o el dinero se pone en circulación por medio del crédito y éste sólo lo otorga el banquero ante la posibilidad de una demanda efectiva, que implica la venta de mercancías producidas o en curso de producción. Así pues, el crédito bancario y la creación monetaria es normalmente el descuento o el anticipo de las operaciones de venta de mercancías producidas o en curso de producción, cuyo total será la demanda efectiva.

El sistema bancario no debe ni suele crear dinero por encima de la demanda transaccional, es decir por encima de las expectativas de la demanda efectiva. Pero puede sin embargo quedarse corto en el crédito que demandan las expectativas de la demanda efectiva; con lo que esta restricción de la creación monetaria, respecto a las expectativas de la demanda efectiva, se reflejará en las variaciones de la tasa de interés, que a su vez tendrá reflejo en la inversión en la preferencia a la liquidez y, si se quiere, en la propensión marginal al consumo.

4. Así pues, el *dinero* es la expresión de la demanda efectiva y la posibilidad de que este principio funcione, gracias a que correlativamente el sistema bancario recibe pagos por la demanda y cobros por la oferta. Este concepto de dinero no es la cantidad del circulante, tal como generalmente se entiende, medido por

la suma de los depósitos a la vista al final de un período, más las monedas o billetes en circulación, sino que,
como es la expresión de la "demanda efectiva", *serán
los pagos y los cobros realizados a través del sistema
bancario.*

Si en vez de noción tan realista se pretende introducir un concepto de "cantidad" de circulante, tendría
que hacerse una estimación de velocidad, como cociente de la cantidad monetaria con el ingreso monetario.
(Esta relación, que se titula "velocidad ingreso", no
tendría ninguna significación.)

5. Los pagos realizados a través del sistema bancario, más los pagos realizados con monedas y billetes,
son la expresión de la demanda efectiva y la mejor posibilidad de que el principio de ésta se realice en términos de dinero, como requiere el sistema de cambio
contemporáneo.

Por lo tanto, las reservas de caja del sistema bancario significan una minoración de los pagos así como
del dinero en "circulación propiamente dicha" (cualquiera que sea la finalidad que se les atribuya: liquidar los depósitos que se demanden en efectivo o servir
de instrumento para la regulación del crédito).

Por consiguiente, *Y* expresa la demanda efectiva,
que es naturalmente el ingreso monetario, entendiendo
como tal lo que reciben los distintos factores y elementos del sistema productivo, así como de los sistemas
auxiliares y de servicio, en función más o menos estable de las expectativas de la demanda efectiva.

6. La demanda efectiva y el ingreso monetario, ejer-
cidos en un período, se expresan por el monto total
de los pagos y cobros realizados en el sistema bancario, que no sean pagos intermedios y que no impliquen
crecimiento del ingreso.

Para eliminar los pagos que no representen incremento del ingreso bastaría hacer una simple proporción del total de los pagos con el monto total de los
depósitos (deducidas las reservas de caja) al final del
período. Si esta relación es, por ejemplo, un tercio, de-
berán estimarse como ingreso monetario o expresión

de la demanda efectiva los dos tercios de los pagos realizados por el sistema bancario:

$$\frac{P \text{ (pagos totales)}}{\substack{\text{depósitos} \\ \text{bancarios}} - \substack{\text{reservas} \\ \text{de caja}}} = P^* \text{ (pagos que significan incremento del ingreso)}$$

Obviamente se tienen que computar los pagos y los depósitos *netos* de todo el sistema bancario.

Es igualmente obvio que en el cómputo de los depósitos deben sumarse depósitos a la vista y a plazos, pues el incremento de los depósitos a plazo es a expensas de la reducción de los depósitos a la vista. Y el incremento de los depósitos a la vista es consecuencia del uso de los depósitos a plazo en inversión que se reflejaría multiplicadamente en el incremento de los depósitos a la vista.

Así pues, el "dinero" que cuenta para la determinación del incremento del producto o de los precios es cuantificable a través de las operaciones del sistema bancario. Y éste se cuantifica día por día.

7. En lo que se refiere a los pagos que se realizan directamente con monedas y billetes, sin intervención del sistema bancario, igualmente pueden resultar de la cuantificación de los pagos bancarios, que significa la liquidación en efectivo de los depósitos, puesto que las monedas y billetes salen a circulación también mediante pagos y crédito bancario, siempre que su proporción con los pagos bancarios sea estable y se suponga al sistema de pagos en monedas y billetes una velocidad constante.

Podríamos decir que el concepto tradicional de *velocidad* del dinero se refiere al sistema de pagos en monedas o billetes, puesto que los pagos a través del sistema bancario son de velocidad instantánea.

Y no tiene caso ni sentido medir la velocidad por el cociente de los pagos con el monto de los depósitos, que nos daría otra cosa que los pagos que no representan incremento del ingreso monetario o la definición de velocidad como expresión de la preferencia a la liquidez.

Del cómputo de los depósitos para medir el ingreso monetario deben excluirse las reservas de caja del sistema bancario, que son normalmente el reflejo de la preferencia a la liquidez, entendida en un sentido amplio, de aquel dinero creado que no fluye en el proceso de la producción y de la distribución. Y puesto que el ahorro que se llama monetario no se realiza, mientras no se refleja en una inversión correlativa, debe ser considerado como preferencia a la liquidez, aunque se le atribuya una percepción de réditos.

En definitiva, el dinero como ingreso Y, o como expresión de demanda efectiva de un período, a un nivel dado de empleo, es perfectamente determinable con absoluta independencia del costo de los factores y de las unidades salario empleadas en la producción.

V

Para completar el ingreso monetario correspondiente al producto total (producto por precios), tendríamos que computar la producción que se autoconsume, singularmente agropecuaria.

Para la evaluación de la producción agropecuaria y el ingreso correspondiente a la misma, no es fácil hallar otro método que el usual: estimar el volumen de la producción por los precios corrientes de su venta.

Ahora bien, como una gran parte de la producción y del ingreso agrícola se habrá reflejado en los pagos bancarios, sería menester añadir simplemente la parte del ingreso correspondiente a la producción agropecuaria que no se reflejó en el mecanismo de determinación del ingreso por el sistema de pagos bancarios. Para ello se sugiere un método que podría dar una buena aproximación: establecer la proporción entre el monto total de los depósitos al final del período, con el monto total de la producción agrícola. Esta proporción nos podría dar una estimación razonable del ingreso agrícola que no se ha reflejado en los pagos bancarios.

VI

Por otra parte, en lo que se refiere a la medición del volumen del producto real por el nivel del empleo, se requieren algunas observaciones para lograr una mayor precisión. En primer lugar NW debiera expresar simplemente los salarios y sueldos que entran como insumos directos en la producción y no deberían tomarse en cuenta sueldos que corresponden a los gastos generales y de las empresas, que deben considerarse como integrantes del segundo elemento del ingreso monetario, la participación de la ganancia.

En el caso de ser complicada la diferenciación específica, podría usarse el expediente de considerar como salarios un determinado monto racional, dejando el resto para ser considerado como sueldos excluidos de NW para computarlos en la participación de la ganancia.

Como se ha sugerido incluir el ingreso agrícola, expresado por los pagos bancarios y por la estimación del ingreso agrícola autoconsumido, es menester también añadir a NW las remuneraciones del trabajo campesino no asalariado, es decir, que no entra en el cómputo primario NW. Lo cual sería factible distribuyendo el ingreso agrícola estimado entre el número de personas que viven fundamentalmente de la agricultura y que no hubieran entrado en el cómputo del primitivo NW.

Así, la relación $\dfrac{NW}{Y}$ completada con el ingreso per cápita del campesino nos daría igualmente, por su relación con el ingreso, la productividad del trabajo asalariado o no, con el producto en términos monetarios.

Aunque estas mediciones no puedan considerarse rigurosamente exactas, sí parece que pueden alcanzar una precisión mayor que las mediciones actuales por el ingreso monetario, calculado por las declaraciones de ventas y del producto calculado, deflacionado por los números índices de variación de los precios.

VII

Los *gastos públicos* fluyen todos por el sistema de pagos bancarios; por consiguiente resultarían relacionados en el cómputo de la demanda efectiva, determinada por el sistema de los pagos bancarios.

Sin embargo, se puede suponer que la demanda resultaría restringida por el importe de la recaudación fiscal; pero como al propio tiempo el precio agregado de la oferta tendrá que ser afectado también por los impuestos, no tiene caso especificar el superávit ni el déficit presupuestal dentro del mecanismo de cómputo a los efectos de determinar qué parte del incremento de la demanda efectiva se distribuye en incremento del producto y qué parte en incremento de los precios.

Este método de cálculo no quiere decir que cuando se trate de dilucidar cuáles son los determinantes específicos de la parte de la demanda efectiva que se refleja en aumento de los precios no deba tenerse en cuenta la proporción del gasto público respecto al crecimiento total del ingreso (y no el superávit ni el déficit), que constituye parte de la propensión al consumo de las ganancias y que aparecerá registrada en el cómputo del ingreso monetario por los pagos en dinero a que se refiere el segundo elemento de la cuantificación keynesiana.

VIII

En lo que respecta a los efectos del comercio exterior, el costo de las importaciones estará reflejado en la minoración de los depósitos bancarios y por lo tanto resultará excluido de los pagos que representan incremento del ingreso. En cambio, el producto de las exportaciones se habrá reflejado en el sistema de cobros y pagos bancarios.

Una de las ventajas de este sistema de cómputo del ingreso es que reflejará con mayor precisión que la estadística comercial el efecto en el mismo de las importaciones y de las exportaciones, lo que no es obstáculo para que se hagan las comprobaciones que se deseen, tomando en cuenta las cifras directamente registradas del comercio exterior.

Lo mismo puede decirse de los movimientos de capitales o de fondos. La evasión de capitales resultará registrada en la minoración de los depósitos y en la reducción de los pagos que representan incremento del ingreso. Y los movimientos de entrada de capitales no tendrán reflejo mientras no se traduzcan en adquisición de mercancías o pago de servicios del exterior.

No obstante las dificultades y rudas aproximaciones que pueda tener el sistema de cómputo del ingreso monetario y de la demanda efectiva, por el cómputo de los pagos bancarios, puede ser más seguro y más preciso que el actual método de cálculo del ingreso.

IX

Este método de medición que estamos sometiendo a la consideración del lector, tendría la ventaja de medir en términos reales. Y aunque use como *unidad de cuenta el dinero*, su evaluación resulta ser independiente del valor o del llamado poder adquisitivo del dinero que se le asigne a la unidad de cuenta. Mientras que con la determinación acostumbrada, a base de las variaciones de los precios, se introduce perplejidad en las mediciones económicas y se elude el análisis de las causas específicas del fenómeno inflacionario de los precios. En efecto:

a] Mide el producto real en términos reales, por las unidades salario y por la productividad de las mismas. En último término, como proporción del salario real, pues éste siempre tendrá que ser proporcional al producto, que a su vez tendrá que ser proporcional al salario real, aunque éste, como proporción de la participación del consumo de los asalariados en el producto, pueda variar como consecuencia de la variación de la proporción del consumo de las ganancias.

b] Y por otra parte, mide el ingreso monetario como el resultado de la suma de las operaciones de compra y consumo de los salarios (tanto dedicados a la producción de bienes de consumo como de capital) más la proporción del consumo de las ganancias. Y aunque estas mediciones se hagan en dinero, son igualmente cuantificaciones independientes del valor o poder adquisitivo que se le asigne al dinero, con lo cual se hace posible la determinación global del "poder adquisitivo del dinero".

c] Estas cuantificaciones permiten cotejar el valor real del producto con el monto del ingreso, expresado como la suma de todos los precios pagados por mercancías y servicios que necesariamente se compone de consumo de los salarios, más consumo de las ganancias. Incluyendo en la propensión al consumo de las ganancias, gastos públicos y de servicios públicos y privados, que no entran como insumos directos en la producción; y, en el consumo de los salarios, los dedicados a la producción de bienes de capital.

Así se podría estar en mejores condiciones de apreciar las variaciones de la proporción de la demanda efectiva que expresa crecimiento del producto y *las causas del aumento de los precios.* Por ejemplo:

i] Si la proporción del consumo de las ganancias,

determinada por la diferencia entre el ingreso y la nómina general de los salarios (habida cuenta que los salarios dedicados a la acumulación están incluidos en
la nómina general de los salarios) aumenta, necesariamente tienen que subir los precios y en consecuencia
reducir la proporción de consumo de los asalariados
en el producto (salario real). Esto es factible porque
la "asimetría del efecto ingreso" permite que los ven-
dedores productores puedan acrecentar los precios de
su consumo, ya que al subir los precios aumenta su
ingreso. Gracias a este privilegio puede subir la proporción de la participación de la ganancia respecto a
la participación del salario.

ii] Eventualmente, aunque éste sea un fenómeno
menos general, puede haber aumento de la participación del salario del lado de los costos por aumento de
los salarios nominales por encima de la productividad
del trabajo, expresada por la relación $\dfrac{Y}{NW}$. Pero como
el alza de los salarios nominales eleva en la misma
suma el monto del ingreso, suben los precios, sin
aumentar el salario real, que no puede aumentar más
que la productividad del trabajo. Por esta razón, el fenómeno es menos general y además porque los asalariados, para aumentar sus salarios nominales, necesitan que lo acepten los empleadores; mientras que los
empresarios, para aumentar la participación de la
ganancia no necesitan más que elevar los precios. Y
frente a esto no hay otra limitación en la teoría económica que la suposición irrealista de la competencia.

iii] Este método de medición simplificaría la apreciación de en qué medida el incremento de la demanda efectiva expresa incremento del producto y en qué
medida corresponde al incremento de los precios, independientemente de la estimación del valor o poder
adquisitivo del dinero.

iv] También puede aumentar la proporción de la
participación de la ganancia sin necesidad de elevación de los precios si se restringe el crecimiento de los
salarios nominales en proporción a la productividad

del trabajo. Esto, que es lo que generalmente sucede, da lugar a que descienda el salario real respecto al crecimiento del producto y al costo primo real.

v] Igualmente, el uso de la proposición freemaniana de elevar la tasa nominal de interés en la medida de la depreciación del poder adquisitivo del dinero, determina desproporción de la participación de la ganancia en lo que se refiere al consumo de los rentistas y por consiguiente la depreciación del salario real, y correlativamente incremento de la proporción de la demanda efectiva, que expresa alza de los precios. Este importante elemento inflacionario no se ha tomado bastante en consideración.

vi] Es natural que se tome el dinero como unidad de cuenta puesto que todas las transacciones de pago se realizan en unidades monetarias tanto de productos como de salarios y ganancias. Pero ello no quiere decir que no se pudiera tomar en consideración cualquier otra unidad de cuenta que se pudiera imaginar, distinta de la unidad monetaria.

vii] En definitiva, este método de medición permitiría esclarecer muchas perplejidades en torno al concepto de inflación.

No todo incremento de los precios puede considerarse como verdadera inflación, sino que la desproporción de la participación de la ganancia (o eventualmente del salario nominal por encima del crecimiento del producto por hombre empleado) es lo que constituye la verdadera inflación, pues representa la desproporción del precio del producto con su costo de producción, es decir, del producto real respecto al ingreso monetario. Ambas magnitudes, costo real e ingreso monetario, tenderían a ser proporcionales si la proporción o propensión al consumo de las ganancias fuera estable proporción del producto real y del ingreso.

Partiendo de este método, se pueden advertir mejor las causas de la inflación —como componentes del incremento desproporcionado de la proporción o propensión al consumo de las ganancias—, tales como la desproporción de los gastos públicos, intereses y ré-

ditos, impuestos y demás elementos y factores que puedan influir en la desproporción de la participación de
la ganancia y en la reducción del salario real —respecto a la productividad del mismo—, del producto real
y del costo primo.

Las observaciones contenidas en este apéndice las hacemos con el simple objeto de poner de manifiesto la
importancia de la sugerencia keynesiana de medir las
magnitudes económicas en unidades salario en dinero, en vez de hacerlo en unidades monetarias, puesto
que los salarios en dinero, o nómina general de los salarios, es un dato cierto que no requiere estimación y
que sin duda es determinante del costo real del producto y de su valor; mientras que la unidad monetaria,
para ser utilizada requiere una estimación de su valor
o poder adquisitivo, por la variaciones de los precios.
   Por añadidura, podría hacerse a la vez más fácilmente la estimación del poder adquisitivo del dinero,
por la relación de la nómina general de salarios como
productividad global de la economía, con el ingreso
monetario y sin necesidad de incurrir en las dificultades de la estimación directa de las variaciones de los
precios; lo que no es obstáculo para que estas mediciones usuales puedan cotejarse con las del poder
adquisitivo del dinero por la vía de la comparación de
producto e ingreso.
   Por otro lado, estas observaciones nos llevarían a
una forma diferente de presentación de las cuentas
nacionales, en que la cuantificación de la nómina general de salarios, comparativamente con el ingreso
monetario, determinado por el sistema de pagos bancarios, debiera ser el juego principal que nos permitiera estimar tanto el incremento del producto como
el de los precios, así como la posibilidad de calcular
también el monto de la acumulación de capital que resulta de cada período, medido tanto por su costo como
por su productividad, y cuyo análisis nos reservamos
para otra oportunidad.

APÉNDICE 2

Por el carácter tan general de este trabajo, no tendría por qué hacerse referencia a ninguna economía en particular. Sin embargo, resultaría extraño que siendo tan honda la preocupación sobre el mal funcionamiento de las economías que revela este libro no hiciéramos mención a los graves problemas que aquejan a la economía mexicana, la cual, después de un largo período de amplia actividad económica y crecimiento, ha caído en la más profunda de las depresiones.

Nos vamos a limitar a referirnos muy someramente a los hechos, dejando el juicio de los mismos a los que después de haber leído este libro y utilizado los elementos que ofrece la *Teoría general del empleo* estén en condiciones de formular un juicio, que de este modo es más seguro que pueda ser objetivo e imparcial.

En primer lugar, es indispensable destacar que las políticas económicas preponderantes han sido las políticas monetarias, cambiarias y financieras llevadas a cabo por el Banco de México, que ha sido el verdadero director de la política económica, con extraordinaria autonomía respecto a la política nacional. Éste, inspirado sin duda en la teoría cuantitativa de los precios, ha practicado políticas de restricción monetaria y de elevación de las tasas de interés de una manera continuada y que se ha ido acentuando progresivamente.

Estas políticas monetarias cuantitativas se han visto acentuadas por influjo de la neocuantitativa de la escuela de Chicago, según la cual debía buscarse un rendimiento "efectivo", por elevación de los tipos de interés, conforme decrecía el poder adquisitivo del dinero. Y así se ha pasado desde el 7, 8 o 9 por ciento que regía en 1954, hasta las extraordinarias tasas de más del 60% para ciertos depósitos a plazo, con lo que el incremento ha sido descomunal y desusado para cualquier economía que aspire a funcionar normalmente.

El sistema bancario se hacía la ilusión de que "captaba más ahorro", cuando lo que acontecía era que pasaban fondos de los depósitos a la vista a los depósitos a plazo, que a tales tasas de interés difícilmente podían ser objeto de inversión y por lo tanto constituían una fuerte masa análoga a la "preferencia a la liquidez" y con altas rentas.

Nunca se quiso escuchar la advertencia de que las altas tasas de interés tienen un efecto directo y acumulativo en el proceso inflacionario de los precios. Hoy ya se empieza a reconocerlo, más o menos explícitamente, ante la magnitud del problema creado por tan altos réditos; pero no se ha hecho ninguna cuantificación (o al menos no se ha publicado) del efecto directo y acumulativo que esta política de tasas de interés debe haber tenido en el incremento de la inflación.

Tampoco se ha tomado en consideración el efecto restrictivo de tan altas tasas de interés en la inversión y en el aumento de los fondos inactivos. Y ello ha sido de singular importancia, puesto que en el sexenio pasado aumentó vigorosamente la demanda efectiva, fruto fundamentalmente del incremento de nuestras ventas de petróleo y ésta, en vez de dirigirse a la inversión como hubiera sido su tendencia natural, se desvió hacia el incremento de las importaciones, satisfaciéndose con ello la demanda y restringiendo el desarrollo productivo de nuestra economía.

Por primera vez en la historia de México, el desempleo no está determinado por una tasa de crecimiento de la población superior a la tasa de inversión, sino por el despido de trabajadores empleados, como consecuencia de la depresión del ingreso. Los "planes" no prevén ninguna medida adecuada para una política de pleno empleo que, como es sabido, debe ser reducción drástica de la tasa de interés y elevación del salario real, en la medida del crecimiento del producto por hombre empleado. Ni tampoco medidas que corrijan la desproporción de la participación de la ganancia respecto al crecimiento del producto y del salario, por lo cual no es fácil suponer que pueda corregirse el desempleo ni la inflación.

El desequilibrio externo habría sido fácil de corregir con sólo un mayor control de las importaciones y con la reducción de la demanda de créditos internacionales.

Este fenómeno del incremento de las importaciones, frente al que no se tomó ninguna medida válida de restricción o de control, se veía facilitado por los créditos internacionales, que otorgaban los países interesados en vendernos más mercancías.

Ante la restricción y carestía del crédito interno, tanto corporaciones públicas como privadas preferían acudir al endeudamiento en moneda extranjera, sin medir el daño para la solvencia de sí mismas y de la economía en general, que significaba el que los créditos no estuvieran apoyados en la producción de mercancías de exportación que pudieran compensar los riesgos de variación del tipo de cambio.

No se tuvo en cuenta que el crédito externo no se puede hacer efectivo para la economía que se supone lo recibe más que cuando se gasta en adquirir mercancías o pago de servicios en el exterior, por lo que el resultado tiene que ser que cuanto más aumentan los créditos más aumentan las importaciones, y cuanto más aumentaban las importaciones, más se necesitaban los créditos.

Por añadidura, se ha llegado a utilizar el crédito extranjero para cubrir déficit de la cuenta pública, e incluso para hacer operaciones de gasto interno, que no comportaban ninguna importación de mercancías, con lo cual igualmente se creaba circulante y además nos endeudábamos en moneda extranjera. Se desoyeron las voces que denunciaban el peligro del endeudamiento externo, que ni favorece a la economía que lo recibe ni a la que lo otorga, tomando a gala nuestra amplia capacidad de crédito con el exterior, sin darse cuenta que ello era consecuencia del deseo de los prestamistas de vendernos más mercancías de lo que nos com-

praban. Se decía que no habíamos llegado al límite de
nuestra capacidad de endeudarnos, cuando la capacidad de endeudarse de una economía es prácticamente
nula si no se puede solventar con venta de mercancías
en corto plazo y sin advertir que la magnitud que estaba alcanzando el endeudamiento haría imposible su
rembolso en las condiciones presentes y en el más op-
timista futuro de desenvolvimiento de la economía nacional.

No cabe ninguna duda de que los créditos internacionales propiciaron más el aumento de las importaciones que el desarrollo de la producción nacional. Incluso
la posibilidad de importar mercancías del exterior y
a crédito desalentaba las producciones que pudieran
haber ido sustituyendo progresivamente a las de importación.

Así pues, no obstante las importantes exportaciones de petróleo y la abundancia de nuestras reservas
petrolíferas, que significaba un cambio radical en la
estructura del comercio exterior de México, éste siguió
experimentando déficit considerables que no se sin-
tió la urgencia de remediar por la facilidad de obtener créditos internacionales.

El Banco de México creyó que podía nivelar la balanza de mercancías y servicios mediante la práctica
tradicional de las devaluaciones. Y así, en 1976 se pasó
de la paridad de 12.50 pesos que se había podido sostener durante 20 años, y sin contar con exportaciones
petrolíferas, a la de 22.00 pesos. Y durante el sexenio
pasado, en vez de haberse decidido estabilizar el peso
a esta paridad, se adoptó el sistema de la devaluación
continua, cubierta bajo el eufemismo de "flotación del
peso", que siempre flotaba a la baja. En esta carrera
de devaluación y desequilibrio externo se ha llegado
a tan drástica depreciación del valor de nuestra moneda en el exterior, que se calcula que para final de
año representará la doceava parte de la paridad de
cuasi equilibrio de 12.50 pesos.

El déficit comercial hubiera continuado de no haber
sobrevenido el corte de los créditos internacionales,

que nos privaron de recursos para seguir comprando.

Este caso, el de México, no puede ser un caso más claro de demostración de que las políticas cambiarias, ni aun siendo tan drásticas, no pueden servir como método para nivelar la balanza de mercancías y servicios. La experiencia de muchos países de América Latina nos debía de haber servido de ejemplo.

La política de devaluación continua o flotación, adoptada por el Banco de México, que era notoria y además anticipadamente anunciada por el propio Banco de México, determinó, como es natural, un incremento extraordinario de la demanda de dólares para exportación de capitales, agravando la tendencia de mexicanos y mexicanizados a enviar sus ganancias, mejor o peor habidas, al exterior.

Para fijar la paridad externa del peso, el Banco de México se guiaba no tanto por la balanza de mercancías y servicios (que mal que bien estaba nivelada con las ventas de petróleo y los créditos internacionales) como por la demanda de fondos para exportación, pretendiendo que con una alta paridad de nuestra moneda se podría invertir la tendencia de exportar capitales, para convertirla en su repatriación, o atracción de fondos de fuera. No cabe duda que ese resultado no podía obtenerse ni se ha obtenido.

Se pretende que la política cambiaria es realista, aunque a decir verdad es la más irrealista de todas, pues no se funda en las relaciones de los valores reales de nuestra economía con los del exterior, que son mucho más altos que los que determina la paridad cambiaria, aunque lo único realista es el deseo de mexicanos y mexicanizados de cambiar sus ingresos a moneda extranjera para gozar de los beneficios de la devaluación del peso. La pretensión no sólo no es realista sino absolutamente incongruente con los más sanos principios de la teoría más ortodoxa. Nunca se quiso adoptar, ni ahora se ha adoptado de una manera eficiente, un control de los movimientos de exportación de capitales, a pesar de que México es uno de los países donde es más fácil hacerlo, pues la parte más importante de las mercancías de exportación está en manos de organismos públicos.

No puede caber ninguna duda de que la devaluación ha empobrecido a la economía mexicana, relativamente al resto del mundo, en proporciones tan extraordinarias que no se podrá reparar fácilmente, puesto que para ello sería menester que los salarios, que son la medida de la riqueza o pobreza de una nación, se elevaran en la medida y proporción de la devaluación misma, con lo cual el proceso inflacionario igualaría al proceso de devaluación.

Si bien las devaluaciones no hicieron sentir sus efectos en la nivelación de la balanza de mercancías y servicios, ni en la de pagos, sí tuvieron el efecto inmediato que suelen tener todas las devaluaciones: incrementar el sistema de costos y precios de nuestra economía, constituyéndose en el principal de todos los determinantes de nuestro proceso inflacionario.

La política devaluatoria del peso practicada por el Banco de México determinó, como era natural, el cese del sistema de los créditos internacionales, que consistía en que tanto los vencimientos como el pago de intereses se atendían con el otorgamiento de nuevos créditos, que no sólo servían para rembolsar aparentemente los créditos vencidos, sino para incrementar todavía más las importaciones. Y claro, esto determinó el colapso de todo nuestro sistema financiero externo. Para hacer justicia, la Secretaría de Hacienda desplegó una hábil actividad para lograr la prórroga de las deudas internacionales, para poder decir que México hacía honor a sus compromisos de pago, aunque es muy dudoso que el aplazamiento de las deudas signifique ninguna facilidad ni ninguna garantía para el rembolso de las mismas.

No se puede desconocer que la devaluación del peso ha agravado extraordinariamente la carga del endeudamiento para todas las empresas públicas y privadas financiadas en mayor o menor proporción con créditos en moneda extranjera, ya que ha puesto a muchas en situación de quiebra y a otras en situación muy di-

fícil, que naturalmente no se remedia porque se reva-
lúen los activos en la medida de la devaluación. Este
subterfugio contable que permite presentar los balances de instituciones públicas y privadas, e incluso ban-
carias, no elimina el peso de la carga del servicio de
capital que pesará sobre el sistema productivo nacional que hace prácticamente imposible que se pueda
mantener un buen nivel de salario y al propio tiempo
alguna utilidad real para la empresa. Y ello nos condena a un sistema de perpetua inflación.

Más tarde o más temprano resultará evidente que
la devaluación fue el error más grave que pudo cometer
el Banco de México, error gratuito, pues con nuestras
reservas petroleras se ofrecía una expectativa razonable para nivelar la balanza de mercancías y servicios,
sin más que controlar las importaciones en función de
las ventas de petróleo y sin necesidad de acudir al endeudamiento externo.

El caso de México puede ser un ejemplo típico de
cómo a un sistema productivo bastante activo y no tan
ineficiente como generalmente se le supone, con unas
posibilidades comerciales francamente óptimas, se le
superpone un aparato financiero absolutamente que-
brado como consecuencia del empeño de encarecer el
valor del dinero, tanto en lo interno, vía réditos, como
en lo externo, vía devaluación, y que naturalmente ha
de dar lugar al colapso del aparato productivo y a la
imposibilidad de una mínima tasa de crecimiento económico.

Y para remediar esta situación, las políticas oficia-
les —más o menos inspiradas por el Fondo Monetario
Internacional—, en vez de una reactivación, de una política de pleno empleo y de salarios proporcionales al
crecimiento del producto, imponen una política de estancamiento, de desempleo y de restricción del crecimiento de los salarios nominales y reales.

Sin embargo, este problema financiero es irrealista y es posible reducirlo a su exacta dimensión, si se
lograra lo siguiente:

Por un lado, un aplazamiento de las deudas interna-

cionales, que son técnicamente imposibles de liquidar
mientras el deudor no alcance superávit comercial y
los países acreedores se resignen a ser deficitarios. Si
se llegara a comprender que lo que estas deudas significan es un poder de compra de mercancías al deudor,
México no tendría ningún problema financiero y podría desarrollar su política monetaria de forma que
fuera la correspondiente a la demanda efectiva, y a
demanda efectiva creciente en función del incremento del empleo.

Por el otro lado, que los mexicanos y mexicanizados
que exportaron sus capitales al exterior decidieran re-
patriarlos, bien como consecuencia de una política
cambiaria más sana que les diera seguridad para sus
colocaciones en el país, o por un fuerte llamamiento
a su solidaridad; México tiene en el exterior cuantio-
sos fondos para pagar sus deudas.

De cualquier forma, si las instituciones internacionales que imponen a México una política de restricción y de desempleo comprendieran que sólo en el incremento del empleo y de la producción está la posibilidad de que México pueda cumplir sus compromisos y que ello sólo se consigue mediante el incremento de la inversión interna y del empleo, se recupera-
ría en un breve lapso la productividad y el desarrollo
que alcanzó en los últimos años, puesto que dispone
de suficientes recursos humanos, naturales y plantas
básicas para ello.

Las decisiones de política económica de México obe-
decen a una cierta dualidad, que llega a ser flagrante
contradicción.

De un lado, México hizo la primera revolución social del siglo y estampó en su Constitución el principio de protección al trabajo con clara intuición de que
sólo la remuneración del trabajo cuando es proporcional a su productividad constituye el verdadero motor
del proceso económico, y sin que ello vaya en menos-
cabo siquiera de la participación de la ganancia, si ésta se conforma con ser proporcionada por el crecimiento del producto, sin promover la depreciación del

salario. Tan sano principio no es ni más ni menos que el principio de equilibrio que postula la teoría clásica.

Y mientras todos los sectores políticos proclaman y postulan su adscripción a los principios de la Revolución mexicana, por otro lado, el sector financiero, claramente preponderante en las decisiones de la política económica, se obstina en propiciar la desproporción de la ganancia y de los réditos en dinero, porque aun cuando éstos sean inflacionarios y a la larga tampoco les aprovechen, permiten alcanzar un provecho inmediato individual, a expensas del progreso general de la nación.

La fuerza de esta contradicción o, mejor dicho, la exagerada presión del sistema financiero es lo que determinó la nacionalización de la banca, que por su entusiasta apoyo popular pareció haber sido una victoria decisiva para lograr que la economía mexicana pudiera llegar a ser una economía sana. Pero parece que no fue así. Pronto, los medios financieros y sus organismos internacionales hicieron sentir su presión que dio nuevas fuerzas al sector financiero mexicano y a sus decisiones en materia de política monetaria y cambiaria, como clara represalia a nuestra audacia. Y frente a esto, los sectores políticos populares y el sentir revolucionario aprueban y hasta apoyan las medidas de política financiera, porque se les ha hecho creer que son inexorables y que no pudieron haberse adoptado otras diferentes. Y parece que no encuentran argumentos ni medios de acción para imponer la necesidad de salvaguardar los principios de equilibrio económico, que con tan clara intuición postuló la Revolución mexicana y que no son otros que la prioridad que debe otorgarse al crecimiento del salario, en proporción con el incremento del producto por hombre empleado, en vez de dar prioridad y protección a la ganancia y a la tasa de la ganancia.

Los hechos y las políticas mencionadas explican cumplidamente lo que ha sucedido en la economía mexicana, pero lo que no se ha explicado todavía es por qué hubieron de adoptarse tales políticas.

En términos objetivos y reales, la situación de la economía mexicana era mucho más fuerte que lo había sido nunca, no sólo por el desarrollo industrial y productivo alcanzado en los últimos años, sino por el redescubrimiento de las importantes reservas petrolíferas que nos permitían estar a cubierto de cualquier dificultad que surgiera en el desenvolvimiento del comercio exterior, lo que había sido siempre el limitante del proceso de crecimiento económico de México. Las exportaciones de petróleo exceden con mucho las cifras habituales de nuestro comercio de exportación. Y como aproximadamente significan el 70% de la exportación mexicana y son prácticamente independientes del tipo de cambio no se explica la devaluación del peso para estimular otras exportaciones, elevando con ello el costo de lo importado, así como agravando las cargas del sistema financiero y productivo como consecuencia del endeudamiento externo. Y mucho menos tan drástica devaluación que llegara a que el peso valga menos de la doceava parte del valor que mantuvo durante 20 años, a pesar de que aún no disponíamos de petróleo exportable. Lo que ha representado un grave empobrecimiento nacional respecto a las situaciones anteriores y a los niveles de vida de los países con los que mantenemos mayor relación.

Por otro lado, el monto de la inversión, y por lo tanto del ahorro, era suficientemente alto para alcanzar las tasas de crecimiento que veníamos consiguiendo, por lo que no se explica que se elevara la tasa de interés con el equivocado propósito de estimular la formación de ahorro.

No puede ser explicación satisfactoria de la elevación de la tasa de interés el propósito de contener con ella la evasión de capitales, cuando al propio tiempo se anunciaba la política de flotación a la baja del peso (de la que el Banco de México perdió el contol que hubiera deseado tener), que estimulaba más fuertemente la compra de dólares, es decir, la evasión, que lo que el alza de la tasa de interés pudiera desalentarla.

No es fácil comprender cómo, con tan sólidas bases y con un cambio de estructura del comercio exterior tan importante que nos ponía a resguardo de desequilibrios externos fundamentales, no se hizo una política monetaria autónoma que permitiera el crecimiento de la producción y del empleo.

Por el contrario, la restricción del circulante y la elevación de la tasa de interés obligaba a corporaciones públicas y privadas a endeudarse en moneda extranjera, sin darse cuenta de los peligros de tal política para las propias empresas y para el sistema financiero nacional —no obstante las reiteradas advertencias de los peligros de tan incongruente sistema comercial.

Estas políticas sólo tenían un fundamento puramente dogmático: el del falso silogismo de la teoría cuantitativa de los precios, según el cual se creía que se podía contener la inflación con la restricción del circulante, a pesar de que la experiencia había mostrado repetidas veces que no puede suceder así.

Por añadidura, mientras se restringía y encarecía el crédito para el sector productivo, el sector de los rentistas se veía favorecido por el incremento de los réditos, en proporción a la pérdida del poder adquisitivo del dinero, lo que por sí mismo ha sido una importante causa de inflación por la "asimetría del efecto ingreso".

No se puede comprender que cuando se había llegado a las magnitudes del endeudamiento externo tan extraordinario como contraproducente, se decidiera tan drástica devaluación del peso, que significaba tal incremento en las cargas del servicio de capital que dificultará en el futuro ofrecer una ganancia razonable y un margen adecuado para los salarios, sin estar condenados a un proceso de inflación acumulativo, salvo que las deudas se den por nulas y canceladas, lo cual no parece que hubiera estado en la mente de los que autorizaban el endeudamiento externo.

Todas estas políticas se pusieron en práctica en el sexenio anterior y son las mismas que se siguen practicando, y hasta por las mismas personas, por lo que es difícil suponer que puedan producir resultados diferentes de los que han llevado a la economía mexicana al punto donde se encuentra.

Y como necesariamente se habrán de contraer nuevas deudas para tratar de rembolsar las existentes, las cargas al sistema financiero y productivo del país serán tan fuertes que difícilmente se podrán soportar, por máximos que sean los sacrificios.

Tampoco parece tener mucho sentido que mientras se agravó el déficit presupuestal como consecuencia del proceso inflacionario y devaluatorio se pretenda enjugarlo con el encarecimiento del costo de los bienes y servicios públicos y con impuestos indirectos, lo cual es como dar vueltas a la noria sin sacar agua.

Ciertamente que estas ideas son las dominantes, consecuencia de los errores de concepto de la teoría económica a que nos referimos en este libro. El hecho de que sean la causa de la crisis que experimenta el mundo en general y que ha venido generando desempleo e inflación, debiera habernos abierto los ojos para no ponerlas en práctica. Estas políticas son también nocivas para los países prósperos, aunque indudablemente lo son más para nosotros, porque las economías más prósperas mitigan su daño, "endosando la carga al vecino" (como se decía entre las dos guerras mundiales).

Nos ha tocado la desgracia de haber llevado la peor parte, por aplicarlas en forma más drástica. Y quizá por ello vemos con más claridad sus perniciosas consecuencias, puesto que nuestros males se aprecian más de bulto.

Menos explicable todavía es que los directores de la política monetaria mexicana no se dieran cuenta de que con ello estaban contrariando los sanos principios de la tradición política y social mexicana, que al dar protección al salario y demás remuneraciones del trabajo productivo, con clara intuición postulaban los principios esenciales del equilibrio y del desarrollo económico.

Tal parece como si la generación presente quisiera olvidarse de la Revolución mexicana que sus padres hicieron o sufrieron.

Y, sin embargo, son muchos los hombres de firme convicción que sufren y se sonrojan al ver que las ideas progresistas de México no dan sus frutos. Y es por lo que me he permitido escribir este libro, en el que se podrán encontrar argumentos mucho más autorizados que los míos, que muestran que las alternativas de política económica adoptadas no son las únicas que hubieran podido adoptarse, ya que escritores más autorizados postulan precisamente otras diferentes, que conducen más al equilibrio económico y al progreso económico y social de México y del mundo.

México lo tiene todo: una clase trabajadora sobria y disciplinada, un desarrollo básico suficiente y no tan ineficiente como con frecuencia se le supone y, además, dispone de los yacimientos petrolíferos como una gran reserva monetaria para fundar las políticas monetarias apropiadas para el desarrollo económico del país.

Nadie puede tener duda de que para remontar una crisis de desempleo, y al propio tiempo favorecer la liquidación del endeudamiento externo, el camino es la máxima actividad económica y de empleo que ha de dar lugar al crecimiento del producto, del consumo y de la acumulación de capital.

Esto es tan fácil de entender que puede decirse sin temor que el sufrimiento que se ha impuesto a todas las clases sociales mexicanas es tan innecesario como será estéril. Y como no me atrevería a poner en mi boca semejante afirmación, es por lo que escribo este libro, que tiene por objeto incitar a los economistas a la simple lectura de las críticas a la teoría tradicional a que en él nos referimos, para encontrar otros caminos más en armonía con las ideas de la tradición política y social de México.

Sería demasiada ligereza atribuir estos errores a falta de ilustración de los directores de las políticas monetarias, financieras y cambiarias. El mal es más de fondo y obedece a un clima mundial, que parece empeñarse en destruir la sociedad en la que quisiéramos seguir viviendo.

Por otra parte, el sistema presidencialista, que ya de por sí es un sistema exagerado porque encomienda las responsabilidades de todos los problemas a un solo hombre, en el caso de México se agrava más todavía, por el deseo de casi todos los sectores políticos de encontrar bien todo lo que hace o dice el presidente en turno, a quien prácticamente se le atribuye un don de infalibilidad, sin perjuicio de que, como dice la tradición de la República romana, "se le arroje después, al terminar su mandato, por la Roca Tarpeya".

Esto, a mi parecer, tiene algo que ver con la "renovación moral de la sociedad", que no se ha de limitar a reprimir la corrupción, que eso va por añadidura, sino a lograr convicciones más firmes en todo el cuadro de los servidores públicos. Ésta se alcanzará verdaderamente cuando éstos comprendan que su función no es servir al señor presidente, sino servir a la Nación. Y cuando también, políticos y ciudadanos firmemente convencidos de los principios de la Revolución mexicana, acierten a hacer valer sus ideas, porque son las más adecuadas para conseguir un mejor y más generalizado bienestar colectivo.

Esta crítica de las políticas monetarias y financieras adoptadas por México no implica adscripción a ninguna posición izquierdista, sino simplemente el reconocimiento de los principios que garantizan el crecimiento equilibrado de las economías y que están contenidos precisamente en los supuestos y postulados de la economía clásica, que descansa en el reconocimiento de un principio aceptado por todo el pensamiento económico, según el cual no hay verdadera riqueza cuando ésta se alcanza a expensas del empobrecimiento de los demás. Ni tampoco quiere significar que considero que las decisiones de política económica nos han sido impuestas desde afuera; pero no puede caber ninguna duda de que convienen más a ciertos sectores de los países donde se originan, que a nosotros mismos.

El propósito de este trabajo es incitar a los economistas a que lean lo que no quieren leer, lo que por sí mismo les condena a la responsabilidad de lo que está sucediendo.

La teología de los economistas les ha hecho creer que sus ideas son los hechos y que si las cosas marchan mal es que los hechos no se conforman con sus ideas ni sus leyes; en vez de comprender que lo más verosímil es que sean sus ideas y sus leyes las que no se conforman con la realidad de los hechos económicos. Y así se dejan llevar de su propio sistema teórico, sin detenerse a considerar otras alternativas más congruentes y menos perniciosas.

La nacionalización de la banca, al rescatar para el Estado la función soberana de crear moneda, ha hecho posible que la banca no sea una actividad lucrativa. Y se pueda evitar que el sistema productivo esté subordinado al proceso monetario y financiero, en vez de que el proceso monetario y financiero sirva las necesidades reales del proceso productivo, lo que nos debía haber hecho comprender que podemos liberarnos de una serie de falsos dogmatismos y practicar una cierta autonomía en nuestras políticas monetarias, financieras y cambiarias, más conducentes al desarrollo de las necesidades nacionales de incrementar el empleo y el producto, para el mejor y más generalizado bienestar de la comunidad.

Se podrá motejar este trabajo de utópico, pero lo verdaderamente utópico es creer que las cosas pueden cambiar sin un cambio de ideas radical.

Este cambio de ideas radical es por sí solo una revolución, una revolución de pensamiento tan fácil como difícil de realizar, como son todas las revoluciones de esta clase. Y que consiste en darse cuenta de que el objetivo, el elemento de medición y de análisis de toda la teoría económica es el crecimiento del salario real y demás remuneraciones del trabajo, en vez de postular la tasa de la ganancia, la participación de la ganancia y la acumulación de capital como objetivos principales, cuando son solamente instrumentales para la consecución de la máxima producción y el máximo bienestar de las mayorías.

Acostumbro comparar este cambio de ideas con el que se produjo en la concepción del universo cuando Copérnico y Galileo descubren que la Tierra gira alrededor del Sol, en vez del Sol alrededor de la Tierra.

Y a pesar de ser tan claro, tan sencillo y tan ortodoxo, la Santa Inquisición de hoy, el Fondo Monetario Internacional, condenaría como hereje a Adam Smith, el cual, como Galileo, moriría diciendo: y sin embargo, "la abundancia de los metales preciosos", o de los créditos internacionales, no constituye la riqueza de las naciones.

Esta revolución de pensamiento es más acorde con la tradición política mexicana y con el mejor funcionamiento de las economías. Y este libro está escrito con la esperanza de que cotejando pareceres sistemáticos y mejor fundados, se pueda comprender que es así.

La descripción que acabamos de hacer del proceso que ha llevado a la economía mexicana a la inesperada y profunda depresión económica en que se encuentra, posiblemente pueda servir también como explicación, en términos muy generales, de lo que ha sucedido en todas las economías de América Latina, incluso en aquellas que se consideraban como más sólidas por su tendencia normal al equilibrio comercial externo o por su riqueza en bienes naturales.

Todas padecen desequilibrio comercial externo y en algunos casos desequilibrio en la balanza de pagos; y todas padecen un acentuado y violento proceso inflacionario, que puede calificarse de hiperinflación, ya que el proceso del incremento de los precios viene determinado en parte por las expectativas de la inflación misma.

Estos fenómenos están asociados con las mismas políticas monetarias y cambiarias, devaluaciones progresivas y cada vez más importantes de tipo de cambio y elevación de las tasas de interés, así como del uso y el abuso del endeudamiento externo. La similitud de estas políticas monetarias y cambiarias las hace aparecer como si las hubiera llevado a cabo la misma mano. Es decir, apoyadas en los fundamentos, en los supuestos irrealistas que no se han querido poner en duda, de los postulados de la escuela clásica y cualquiera que sean las diferencias de velocidad y magnitud a la que han llegado en sus propios procesos.

Seguramente los conocedores directos del desenvolvimiento de cada una de las economías podrán apreciar diferencias en las motivaciones o de oportunidad de las medidas adoptadas, que a mi parecer no desdibujarían la unidad fundamental de este proceso. Por ejemplo:

Argentina, que normalmente tenía una economía bien balanceada con el exterior, trató de corregir sus primeras diferencias mediante una política de devaluación progresiva del tipo de cambio; como es natural, esto motivó que se acentuaran los movimientos de evasión de capitales y de adquisiciones de mercancías y bienes en el exterior, lo que la obligó a acentuar el proceso de devaluación. Y como no pudo conseguir la nivelación de la balanza de mercancías dio lugar a nuevas devaluaciones, tanto más pronunciadas cuanto mayor era el desequilibrio externo.

Argentina resintió más claramente que otras economías la influencia de las políticas monetarias *neocuantitativas*, que por conseguir rendimientos "efectivos" llegó a extremos de tasas de interés nunca vistas en la historia de ninguna economía. La violencia de la represión política no ha sido ajena a este proceso de exportación neta de ganancias y capital.

Brasil, que normalmente disfrutaba de equilibrio comercial externo no obstante su carencia de energéticos, creyó que podía fundar el desarrollo de su economía en la inversión extranjera. Y así, entró en los movimientos alternativos de aparente prosperidad, mientras duraba el gasto en inversión, y después caía cuando la inversión se había realizado.

Tuvo que sufrir la consecuencia de toda inversión extranjera, que como no consume ni reinvierte las ganancias en el país donde se obtienen rompe el proceso de acumulación de capital indispensable para sostener el ritmo de actividad económica y el empleo. Brasil es un caso demostrativo de que el desarrollo económico sólo se puede fundamentar sólidamente en el ahorro y la inversión domésticos.

Por lo general, la inversión extranjera puede realizar los beneficios de la misma, gastándolos o invirtiéndolos en el país donde los obtuvo, pero es muy difícil que se pueda producir excedente en la balanza de mercancías y servicios que permita transferirlos al exterior.

En Uruguay, las llamadas políticas de estabilización, apoyadas en la restricción monetaria y en la del crecimiento del salario real, tuvieron que generar el deterioro de su sistema productivo y comercial.

Venezuela, que normalmente balanceaba sus importaciones con las ventas de petróleo, sin promover un desenvolvimiento de la producción nacional suficiente, resultaba ser muy vulnerable a las variaciones del precio mundial del petróleo. Por añadidura, los créditos internacionales acentuaron las importaciones y provocaron un desequilibrio comercial externo que hace imposible el rembolso de los créditos y obliga al endeudamiento permanente. La devaluación del tipo de cambio no podrá contribuir al restablecimiento del equilibrio mientras no tenga el efecto de incrementar las producciones nacionales que sustituyan importaciones, lo cual es muy difícil que suceda en un clima de depresión general de su economía.

POST SCRIPTUM

Sin ánimo de hacer vaticinios ni pronósticos, no es difícil sin embargo exponer por vía deductiva cuál puede ser a grandes rasgos el desenvolvimiento de la actual situación económica mundial que impropiamente denominamos crisis, porque tenemos presente en nuestra mente la teoría tradicional de las "crisis", que supone que la depresión misma genera fuerzas que por sí solas determinan la recuperación.

I

Podemos hacerlo sin necesidad de aducir grandes cuantificaciones estadísticas, por lo demás de dudosa significación, porque los economistas, en nuestra preocupación de precisar las magnitudes, acostumbramos contraponer dos o más variables en forma más o menos "cartesiana": capital *vs.* trabajo; capital *vs.* producto y cantidad monetaria *vs.* precios, cuando lo más cierto es que en su mayor parte las variaciones fundamentales del proceso económico se mueven en la misma dirección: empleo que determina producción; producción que se expresa en demanda efectiva; demanda efectiva a ingreso, que promueve el empleo, y al propio tiempo, consumo y ahorro varían en la misma dirección, como función del ingreso.

Así pues, lo que cuantificamos al confrontar el comportamiento de estas variables es la expresión del desequilibrio, en vez del funcionamiento normal de la economía. Por ejemplo:

i] Si el capital crece menos que la mano de obra disponible, es a consecuencia del desempleo; mientras que si el proceso de acumulación de capital persiste en ser superior a la tasa de crecimiento de la población, se llega a una "falsa edad de oro", con artificioso crecimiento monetario, sin progreso real.

ii] Si el capital no guarda relación con el producto es porque no medimos el capital ni por su costo ni por su eficiencia productiva.

iii] Si las variaciones del circulante discreparan de las variaciones de los precios, sería por discrepancia en la distribución del producto entre los factores, que da lugar a que los precios no guarden proporción con los costos primos en salarios.

La realidad es que: *i*] si la economía funciona normalmente, en términos de pleno empleo, el volumen del mismo determina la acumulación de capital y por consiguiente no hay ninguna discrepancia entre acumulación de capital y oferta de trabajo; *ii*] si el capital se mide por su productividad, obviamente la relación capital-producto es tautológica; *iii*] si la economía funcionara normalmente, con precios estables, la cantidad monetaria, como función de la demanda efectiva, no se desviaría de los precios en dinero, esencialmente determinados por el nivel de los salarios nominales y variaría proporcionalmente con éstos. Como el circulante es la disponibilidad de medios de pago, el monto total de la cantidad monetaria tiene que ser igual a la suma de todos los precios pagados por mercancías y servicios, con lo cual difícilmente se puede concebir una relación causal entre el aumento de la cantidad monetaria y las variaciones de los precios. Tan impregnados estamos de la teoría cuantitativa de los precios que nos cuesta trabajo admitir lo lógico de este razonamiento.

Las políticas de restricción monetaria respecto a la demanda transaccional, variando la relación funcional con la demanda efectiva, de una u otra manera han de restringir el desenvolvimiento de la demanda efectiva y del empleo. Y sin que puedan presentarse evidencias de que sirva para contrarrestar el proceso inflacionario de los precios ni existan razones lógicas fundadas para suponer que pudiera ser así.

La elevación de la tasa de interés, con o sin variación del circulante, suele restringir el empleo y la demanda efectiva, y no incrementa la magnitud del ahorro porque el ingreso se reduce; ni es fácil que favorezca la acumulación de capital, porque cuanto más alta sea la tasa de interés, más alta tiene que ser la tasa de la ganancia y, a mayor tasa de ganancia, menor tiene que ser la acumulación de capital que pueda producir la tasa de ganancia deseada.

Las variaciones del tipo de cambio no pueden corregir el desequilibrio por sí solas más que en el caso específico de que se ajusten precisamente para conseguir una paridad de equilibrio; o en aquel en que el proceso inflacionario fuera consecuencia del alza de los salarios nominales por encima de la productividad del trabajo. Y todo ello siempre y cuando la elevación del tipo de cambio no determine incremento del sistema de costos y precios internos que haga perder la competitividad que se buscaba con la variación de la paridad cambiaria. De aquí que, en un lapso mayor o menor, una devaluación prepara la siguiente.

Generalmente admitimos que las variaciones del tipo de cambio las determinan las variaciones de los precios (o las diferentes tasas de inflación) y al propio tiempo es muy frecuente que las variaciones del tipo de cambio determinen las variaciones del sistema de costos y precios internos. Por lo que no tenemos por qué suponer que la elevación del tipo de cambio corrija el desequilibrio interno y externo, mientras no se logre ajustar con medidas de política interna el sistema de precios a la relación de las productividades relativas, que son en definitiva las que determinan las mercancías exportables y las susceptibles de sustitución por importaciones. Y ni siquiera merece mención teórica la política de estimular las exportaciones por el otorgamiento de créditos internacionales, a mediano y largo plazo, que son imposibles de liquidar mien-

tras no se usen como poder de compra para restablecer
el equilibrio alterado.

II

Por consiguiente, carece de rigor lógico fundar las políticas económicas, para corregir el desequilibrio, en
contraponer variables que normalmente actúan en la
misma dirección. Con lo que no se pueden obtener los
efectos correctivos que de ellas se esperan y en cambio acentúan el desequilibrio que hubieran querido
corregir.

Así, la restricción del circulante y la elevación de
la tasa de interés restringen el empleo y acentúan el
proceso inflacionario de los precios; y si se persiste
en reducir éste, con la elevación de la tasa de interés,
la tasa de interés tenderá al infinito y el poder adquisitivo del dinero tenderá a cero.

Si la elevación del tipo de cambio es más pronun-
ciada conforme avanza el desequilibrio comercial externo, cada vez tendrá que elevarse más el tipo de cambio. Lo mismo sucede con los créditos internacionales a mediano y largo plazo que, conforme aumentan,
aumenta el desequilibrio comercial, así como el aumento de las importaciones exige más y más créditos
internacionales.

Por consiguiente, son contrarias a la lógica más elemental las políticas económicas que pretenden corregir el desequilibrio tratando de contraponer dos o más
de estas variables, porque lo que naturalmente consiguen es acentuarlo, puesto que al variar una varía la
otra en sentido opuesto al que se quisiera obtener.

Estas observaciones han sido ampliamente corro-
boradas en el curso de la crisis en todas y cada una
de las economías que han practicado estas políticas.

Así, la elevación de la tasa de interés para corregir
el proceso inflacionario lo acentuó, lo que obligó a

tasas de interés más altas, que a su vez empobrecían todavía más el poder adquisitivo del dinero, hasta entrar en una verdadera espiral de tasas de interés-precios.

Por otra parte, las políticas de elevación del tipo de cambio a la larga no han servido para corregir el desequilibrio comercial externo, sino que se ha acentuado y cuanto más se acentuaba era necesario elevar todavía más el tipo de cambio y acudir todavía con mayor intensidad al sistema de los créditos internacionales, hasta entrar también en espirales inconcebibles.

Y es que las crisis económicas son crisis de desempleo, que por lo común, como consecuencia de la reducción del producto, generan alteraciones en la distribución del producto entre los factores. (Si no es que los desequilibrios en la distribución del producto entre los factores son los determinantes de las crisis de desempleo.) Para corregirlas es menester atacarlas desde su origen, eliminando los obstáculos que dan lugar al desempleo y que son las elevadas tasas de interés y la restricción para que el salario real se acerque a la productividad marginal del trabajo.

Los políticos economistas, en vez de comprenderlo así, deciden aplicar medidas de carácter puramente monetario, elevando el precio del dinero, tanto en lo interno como en lo internacional. Con ello creen poder corregir el desequilibrio, simplemente con atacar los síntomas, o sea la inflación y el desequilibrio comercial externo y, como es natural, no tienen otro resultado que el de generar hiperinflación o hiperdesequilibrio, y se llega a los extremos de las violentas espirales: tasas de interés, precios y tipos de cambio, que se han observado, en algunas con extraordinaria intensidad y en otras con menor, pero existen, en todas las economías que padecen la crisis.

En el curso histórico del desenvolvimiento de la crisis en los distintos países son tan abundantes como notorias las experiencias que corroboran estas observaciones, por lo que podemos considerarlas no sólo como determinantes de la actual situación económi-

ca mundial, sino que han contribuido tanto a su per-
sistencia como a su agravación.

III

Un ejemplo muy claro del efecto de estas políticas
contradictorias con sus finalidades y con sus propios
fundamentos es lo acontecido con la balanza de mercancías y servicios norteamericana, que pasó de ser
endémicamente superavitaria, a ser deficitaria.

En efecto, durante casi los veinticinco años que si-
guieron al fin de la segunda guerra mundial, la economía norteamericana mantuvo superávit comercial
externo con casi todos los países del mundo. Y para
ello le fue menester llevar a cabo gastos, créditos e inversiones, incluso gastos militares en el exterior. No
obstante lo cual se acusaba una falta de liquidez y escasez de dólares que dificultaba a Estados Unidos nivelar sus ventas con sus compras.

El superávit en la balanza de mercancías y servicios determina necesariamente desequilibrio interno
por desproporción de la participación de la ganancia
respecto al crecimiento del producto, puesto que para que pueda haber superávit es indispensable que el
salario no crezca en la medida de la productividad de
la economía, ya que de otro modo no podría haber excedente de las exportaciones, respecto a las importaciones. Tal desproporción, que se traducía necesariamente en aumento de la proporción de consumo de las
ganancias respecto a la parte de las ganancias dedi-
cadas a la acumulación de capital, tuvo que elevar la
relación de costos y precios respecto a la productividad de su propia economía, lo que le hizo perder su
competitividad.

Al mismo tiempo, los créditos e inversiones norte-
americanos en el exterior favorecieron el incremento
de la productividad de los países con los que comercia-

ban, y éstos fueron tornándose superavitarios respecto a Estados Unidos. Las dos devaluaciones sucesivas del dólar, que desquiciaron completamente las condiciones del sistema de pagos internacional apoyado en la moneda norteamericana, no sirvieron, como no podían servir, para corregir el desequilibrio de la balanza de mercancías y servicios, producido por el desajuste de su sistema de costos y precios con sus propias productividades relativas. El desequilibrio interno provocado por el desequilibrio comercial externo se transmite por vías del desequilibrio en los superavitarios al desequilibrio interno en las demás economías.

IV

La magnitud de las espirales tasas de interés, precios y tipos de cambio, pone delante de nuestros ojos el fantasma de la reducción del valor nominal de la unidad monetaria, tal como se ha tenido que practicar en otras ocasiones en las economías.

No es muy factible cortar la depauperación progresiva y acumulativa del poder adquisitivo del dinero mientras se persiste en practicar políticas monetarias contradictorias —de elevación de tasa de interés y del tipo de cambio— que sólo pueden servir para acentuar las disparidades que pretenden salvar la situación, ofreciendo un rendimiento nominal del dinero por encima de la productividad real de la economía. De ellas sólo se puede esperar que el poder adquisitivo del dinero descienda conforme aumenta el costo del dinero, la tasa de interés y el tipo de cambio. Y esto es lo que está en el fondo de la teoría cuantitativa del dinero, entendida *ad absurdum*.

Si las crisis son de desempleo y para evitarlas acentuamos precisamente las disparidades que son las determinantes del desequilibrio y del desempleo mismo, no se puede esperar que el desempleo se corrija mientras no cambien estas políticas y se sustituyan por otras, esto es, se eliminen los obstáculos que dieron lugar al desempleo.

Éstos, como se ha dicho, son dos: las elevadas tasas de interés y las restricciones que tienden a evitar que el salario aumente conforme aumenta la productividad del trabajo.

De cualquier forma, aunque estas políticas se sustituyeran por las de procurar el pleno empleo, tendríamos que tener en cuenta el obstáculo de las grandes cargas financieras que se han ido acumulando por el incremento inflacionario de los precios y las devaluaciones.

Si se tiene que soportar el monto de la deuda acrecentada por los exagerados valores nominales que ha determinado el proceso inflacionario de los precios y las devaluaciones, más la acumulación de intereses usurarios, sería tan exagerado el monto de las cargas financieras respecto a los costos reales de la acumulación de capital que es imposible que pueda quedar algún margen para el crecimiento del salario real y para una razonable participación de la ganancia, sin incurrir en un proceso hiperinflacionario, permanente y acumulativo.

Corregir tan grave desproporción inflacionaria sería la verdadera rectificación de la llamada "economía ficción"; en vez de considerar como realista el incremento de los precios, en función del proceso inflacionario.

Es pues menester ajustar el valor nominal del capital acumulado a su costo en salarios reales. Su incremento nominal representa ganancias llovidas del cielo, de financieros y rentistas.

Si el valor nominal del capital acumulado se ajustara lo más posible al costo en salarios reales de su producción, los salarios nominales podrían crecer en proporción con el crecimiento del producto por hombre empleado y por lo tanto la ganancia crecería también en proporción con el crecimiento del producto y del salario real.

Si en vez de eliminar este factor inflacionario del costo de los bienes de capital éste se continúa arrastrando, el proceso inflacionario no podrá salir nunca de su condición de hiperinflación. Si se fijara así la "carga real" del pasado y la suma que por réditos tendrá que soportar el proceso económico futuro, la cuantificación del producto y su tasa de crecimiento vendría determinada por el nivel de los salarios nominales. Como la nómina general de salarios incluye necesariamente el costo en salarios de los bienes de capital para la determinación del valor del producto, o mejor dicho, para el cálculo del ingreso monetario (demanda efectiva) como suma de todas las ventas de mercancías y servicios, bastaría con añadir aquella parte de la participación de la ganancia que, no destinándose a inversión expresa la proporción o propensión de consumo de las ganancias (incluyendo en este concepto, no sólo el consumo de empresarios y rentistas, sino todos los gastos públicos y de servicios públicos y privados que no entran como insumos directos en la producción). Y así tendríamos el cuadro completo del ingreso monetario, en relación con el producto en términos reales.

Cuanto más estable sea la proporción del consumo de las ganancias (o sea de la diferencia entre el ingreso y el costo primo en salario) más estable será el proceso económico y más verosímil la estabilidad de los precios respecto al costo primo en salarios. Salta a la vista que la desproporción de este concepto respecto al crecimiento del producto es la expresión y la causa más clara del proceso inflacionario de los precios.

A este respecto, hay que salir al paso a una confusión demasiado frecuente. Como es sabido, ni el superávit ni el déficit presupuestal tiene significación en sí mismos, lo que importa es la desproporción del gasto público y de los demás gastos de servicios públicos y privados que incluimos en el concepto de propensión al consumo de las ganancias, respecto al ingreso global. Y por ello no suelen corregir el proceso inflacionario las reducciones del déficit por incremento del

rendimiento fiscal de los servicios, ni por el aumento
de los impuestos indirectos.

V

Con ello volvemos a caer de nuevo en la validez del
cambio de enfoque que late en la teoría económica:
*hacer de la tasa de crecimiento del salario real (que ha
de guardar proporción con el crecimiento del producto)* el objetivo y el elemento de análisis de la teoría económica y de las economías.

El método más simple para conseguir la proporcionalidad del salario con la productividad del trabajo
sería procurar que las variaciones de los salarios nominales guarden relación con el crecimiento del ingreso
monetario. Es decir, que los salarios nominales crezcan
en proporción con el crecimiento del ingreso, porque
si crecen más sería inflación de los salarios y si crecen menos da lugar a la desproporción de la participación de la ganancia, respecto al crecimiento del producto y del ingreso, que es la inflación.

A la vez se pone de manifiesto que el modo de conseguir tan natural condición de equilibrio, consistiría
simplemente en evitar la desproporción con el crecimiento del ingreso de todo el conjunto de gastos y costos indirectos, que no son insumos productivos.

De este modo, el devenir económico y el funcionamiento de las economías podría ofrecer a la vez condiciones de justicia y de equilibrio más racionales.

En el fondo —y con esto ponemos punto final a este libro—, lo importante es lograr que sean realidad
los postulados clásicos sobre el salario real a los que
nos referimos en el primer capítulo del mismo, sin
dejarnos llevar de la ilusión de que esto se alcanza
naturalmente por el simple juego de las fuerzas económicas.

Reconociendo también el error tradicional y sectorial interesado, de que las alteraciones del precio del dinero, tanto en lo interno la tasa de interés, como en lo externo el tipo de cambio, favorecen la estabilidad, porque con ello sólo se consigue la desproporción de los precios monetarios con los costos primos de producción.

Carece de todo sentido lógico pretender la estabilidad de la economía alterando la estabilidad monetaria; al mismo tiempo que la estabilidad monetaria sólo puede resultar de la estabilidad del proceso productivo y de la distribución del producto entre los factores de producción.

GÉNESIS Y RUPTURA O SALIDA DEL MALEFICIO DE LA CRISIS

(ponencia presentada al Segundo congreso de economistas de América Latina [29 de octubre-1 de noviembre de 1984])

Los economistas en nuestro afán de hacer de la economía una ciencia positiva hemos llegado a creer y a hacer creer que las crisis son tan inexorables como fenómenos naturales como la lluvia y los huracanes, sin querernos dar cuenta de que no pueden ser más que consecuencia del comportamiento de los sujetos económicos y de las políticas económicas de los gobiernos, que producen estos hechos tan nocivos, que no serían tales si las ideas fueran diferentes y más congruentes con el propósito que debe perseguir toda economía y toda sociedad, que no puede ser otro que el de conseguir un mayor y *más generalizado bienestar colectivo.*

Si la situación económica (que impropiamente denominamos crisis, como si fuera una simple crisis alternativa o recurrente) es tan general que afecta a casi todas las economías en particular, su causa ha de ser una causa general. Y ésta puede encontrarse en las incongruencias, irrealismos y en los postulados de lo que puede llamarse teoría convencional o en uso, porque es la que orienta los sujetos económicos e inspira las políticas de los gobiernos.

Desde hace varios años vengo empeñado en la tarea de hacer esta revisión crítica de la teoría económica[1] tomando como punto de partida las críticas fundamentales que se han hecho a la doctrina clásica,

---

[1] Antonio Sacristán Colás, *Inflación, desempleo, desequilibrio comercial externo,* cit.

hace más de un siglo por Marx y hace cerca de medio siglo por Keynes.

Si nos empeñamos en creer que la economía funciona con arreglo a un "modelo" que no corresponde a la realidad, no es extraño que se produzcan las perturbaciones, que de tiempo en tiempo afectan las economías.

Por seguir las ideas de la teoría económica convencional se generan ciertos hechos, éstos generan a su vez otros hechos e inspiran políticas económicas que, lejos de corregir los desequilibrios, los acentúan. Y ello es porque los supuestos (teóricos) de la teoría convencional son irrealistas, incongruentes consigo mismos, y erróneos, de tal manera que necesariamente tienen que producir desequilibrios e injusticias.

I

Toda la teoría económica está apoyada en un principio que se considera fundamental y cuya sola enunciación parece una definición *ad absurdum*: "La búsqueda del provecho individual, permite alcanzar el bienestar colectivo, por contraposición de intereses." De modo análogo al ejercicio de la libertad, que se autolimita por el ejercicio de la libertad de los demás. Pero se olvida que así como el derecho de libertad está regulado por el derecho, a la búsqueda del provecho individual no se le pone ningún límite, ni jurídico ni económico.

Idea tan bárbara como inmoral impregna toda la teoría económica y se manifiesta en dos principios fundamentales: de un lado, el principio de la competencia perfecta y, del otro, del heterodoxo, el principio de la "lucha de clases".

El principio de la competencia perfecta no es ni ha sido nunca realista. Y no es tampoco lógico por el hecho de que si, en términos ideales de competencia perfecta, el precio iguala al costo marginal no habría ningún incentivo que estimulara la producción.

Lo lógico y realista es que el precio se fija mediante el sobreprecio que aspira a obtener el productor, más o menos mitigado por el sobreprecio con que se conformarían otros productores que, de ese modo, esperan obtener una mayor participación en el mercado. Éste es el principio del "grado de monopolio", descrito por Kalecki en su *Dinámica económica*.

Y sin embargo, a pesar de que ni la competencia perfecta ni la libre competencia nos aseguran la determinación de un precio justo, hipócritamente confiamos en ella la libertad en la fijación de los precios y la distribución del producto entre los factores de producción, capital y trabajo, y que a su vez es la que determina los precios. Así no podemos estar en manera alguna seguros de que los precios sean justos, ni de que sean estables, ni de que mantengan una relación proporcional con los costos primos.

Esta libertad en la determinación de los precios, confiados en el irrealismo de la competencia, proviene de la indeterminación de la distribución del producto entre salarios y ganancias, o sea entre capital y trabajo, de tal manera que no se asegura ni casi nunca acontece que el precio sea proporcional al costo primo en salarios, ni que el salario y la ganancia sean proporcionales al crecimiento del producto.

Tan fundamental error de principio o de filosofía se traduce en una serie de incongruencias que revelan la discrepancia de la teoría con el normal funcionamiento del proceso económico.

Y para no aludir más que a las fundamentales, nos vamos a referir a tres órdenes de incongruencias: el irrealismo del postulado clásico, según el cual el salario tiende por el libre juego de las fuerzas económicas a ser igual a la productividad marginal del trabajo, y a la desutilidad marginal del empleo; el equivocado concepto del dinero y las manipulaciones del sistema bancario que promueven la inestabilidad del poder adquisitivo del mismo y el desequilibrio comercial externo, propiciado por las economías que aspiran a vender más de lo que compran al exterior.

II

En primer lugar, en lo que respecta al irrealismo del postulado clásico, de que el salario real tiende a igualar la productividad marginal del trabajo y a la desutilidad marginal del empleo, no hemos querido tener presente ni la crítica marxista que pone de manifiesto que no es así, ni la crítica keynesiana que demuestra cumplidamente lo accidental de este postulado que significa naturalmente el desequilibrio y el desempleo.

Si fuera cierto que el salario efectivamente fuera igual a su productividad marginal, la economía estaría siempre en pleno empleo, y por lo tanto el hecho de que el desempleo sea el fenómeno más general en el funcionamiento de las economías demuestra que este supuesto no es real. Al propio tiempo que es más natural que la inversión se detenga antes de llegar al pleno empleo, que es el modo de pagar salarios más bajos que la productividad marginal.

El desempleo no es sólo que las fuerzas de trabajo dispuestas a ofrecerse a un salario corriente no pueden obtener ocupación, sino el descenso de la producción del ingreso, del consumo, del ahorro y de la acumulación de capital. Acostumbro a decir que es el "vicio contra natura" de toda economía y de toda sociedad, que mientras padece escasez de bienes necesarios para satisfacer sus necesidades, mantiene mano de obra inactiva que podría producirlos.

Y como en el desempleo no se alcanza la proporcionalidad del salario con su productividad, genera necesariamente la desproporción de la participación de la ganancia, respecto al crecimiento del producto y del salario, que es naturalmente la *inflación*, como desproporción de los precios con los costos primos de producción. Ello significa el desequilibrio del proceso económico por inflación y desempleo, que son las dos caras del mismo fenómeno.

A pesar de ser esto tan claro y tan sencillo, la teoría económica convencional sigue confiando en un modelo que no ha de producir los resultados que esperamos, y nos sorprendemos de que surjan las crisis que necesariamente tiene que provocar tan equivocada versión del proceso económico.

Con esta sola enunciación deberíamos aceptar que las crisis —todas las crisis— son de desempleo, y podrían evitarse sin más que procurar que se cumpliera el postulado clásico de que el salario creciera proporcionalmente con el crecimiento de la productividad del trabajo, en vez de esperar que tan esencial ajuste se produzca por el libre juego de las fuerzas económicas.

Tan fundamental error que origina las crisis económicas se consolida y acentúa con el equivocado concepto de la función del dinero y con los errores de las políticas monetarias y financieras de los bancos centrales.

Los bancos centrales se crean y organizan precisamente para preservar la estabilidad del valor del dinero, que la experiencia demostró que se alteraba a veces por el abuso del soberano que lucraba en exceso, con la función soberana de acuñar moneda. Y sin embargo, no sólo los bancos centrales y las políticas monetarias no han conseguido la estabilidad, sino que, por el contrario, hacen elevar sistemáticamente el precio y el costo del dinero, tanto en lo interno por las alteraciones de la tasa de interés, como en lo externo con las devaluaciones de las paridades cambiarias.

La misión fundamental del dinero es servir de unidad de cuenta para las transacciones de cambio de servicios de trabajo por mercancía y de las mercancías entre sí, y por consiguiente cuanto más estable sea el precio del dinero mayor puede ser la estabilidad de la economía y del poder adquisitivo del dinero mismo.

La creación monetaria que el Estado ha delegado en los sistemas bancarios no puede ser una actividad lucrativa (aunque pueda ser remunerada al costo más bajo posible del servicio bancario), por la simple razón de que el dinero no produce nada por sí mismo, más que cuando se emplea en adquirir los servicios del trabajo para la producción.

Esto determina la prioridad que se da a los *réditos y ganancias en dinero*, incluso sobre el rendimiento real de los negocios, lo cual no puede conseguirse más que por vía inflacionaria, y es la razón fundamental de la inflación.

Esta circunstancia es la que Marx califica como fase financiera de la autodestrucción del sistema capitalista, en el que parece sin embargo que quisiéramos seguir viviendo.

Tal error no es teórico, pues todos estamos conformes en que lo que importa para la economía son los valores reales y no su expresión en dinero, harto inestable precisamente por este equivocado enfoque del funcionamiento de las economías.

Este error se apoya en la teoría cuantitativa de los precios que supone que el aumento de la cantidad monetaria es la causa del alza de los precios, cuando lo más lógico y natural sería comprender que es el costo del dinero —la *tasa de interés*— lo que perturba tanto el proceso de la inversión como acentúa el proceso inflacionario de los precios. Y para comprender el lógico realismo de este argumento, bastaría con reconocer que como el dinero no produce nada por sí mismo, más que cuando se lo emplea para adquirir fuerza de trabajo para la producción, cualquier costo o precio que se le dé al dinero no puede hacer otra cosa que entorpecer el equilibrio del proceso productivo, y acentuar el proceso inflacionario de los precios.

El olvido de que el dinero no produce nada por sí mismo ha llevado a considerar la tasa de interés como elemento regulador del proceso económico. Y así se cree, sin ningún fundamento teórico ni empírico, que el alza de la tasa de interés estimula el ahorro, y que puede disuadir la evasión de capitales, la salida de las ganancias o excedente económico obtenido en un país, para invertirlo en otro.

Lo primero no es cierto, porque cuanto más alta sea la tasa de interés menor será la inversión y el ingreso, y por consiguiente menor será la magnitud de la parte del ingreso que se ahorra, aunque el alza de la tasa

de interés pudiera estimular (caso por demás dudoso)
la proporción del ingreso individual que se ahorra. Y
este hecho es perfectamente conocido y demostrado
por Keynes.

Por otra parte, para que las alzas de la tasa de interés puedan disuadir la evasión de capitales es menester que no sea mayor la tendencia a la devaluación del
valor de la moneda en el exterior, que resulta del desequilibrio de la balanza de mercancías y servicios y
de la propia evasión de capitales.

Nadie puede ignorar legítimamente después de la
crisis de 1929 y de la publicación de la *Teoría general
del empleo*, que las crisis de desempleo se producen
por la elevación de las tasas de interés bancario respecto a la eficiencia marginal del capital. Si hoy tomamos en cuenta las drásticas elevaciones de las tasas
de interés, y al mismo tiempo la eficiencia productiva
que nos ofrece el desarrollo tecnológico, no se puede
dejar de reconocer que las elevadas tasas de interés
son la causa directa de la actual crisis de desempleo
que aqueja al mundo en general y a casi todas las economías en particular.

Y por otra parte los economistas no han querido
reconocer, a pesar de ser ello tan claro y manifiesto,
que la elevación de la tasa de interés tiene no solamente el efecto restrictivo de la inversión, del empleo, del
producto, del ingreso y del ahorro, sino también efecto directo y acumulativo a interés compuesto en el proceso inflacionario de los precios.

Por el contrario, muchos economistas y algunos países han aceptado la recomendación freemaniana o de
la escuela de Chicago de elevar las tasas nominales de
interés conforme decrecía el poder adquisitivo del
dinero; ello ha sido factor decisivo en el descomunal
proceso inflacionario que ha alcanzado a muchas economías. No puede caber en la cabeza de nadie que
elevando los rendimientos "nominales" se alcancen
"resultados reales" efectivos.

Por consiguiente, resulta obvio que el alza de las
tasas de interés genera desempleo e inflación, al mis-

mo tiempo que la desproporción de la participación de la ganancia respecto al crecimiento del salario y del producto, y por añadidura el desequilibrio comercial externo.

La creencia tan generalizada de que el aumento de la cantidad monetaria es la causa directa del aumento de los precios ha inspirado a los bancos centrales constantes políticas restrictivas de la creación monetaria respecto a las expectativas de la "demanda efectiva", suponiendo que así se contenía la inflación, cuando la experiencia demostraba y sigue demostrando que la restricción monetaria, en vez de corregirla, la acentúa.

No hemos parado mientes en que la famosa teoría cuantitativa de los precios es un silogismo cojo, porque supone que el sistema bancario puede crear dinero por encima de la demanda transaccional, cuando lo más cierto es que el sistema bancario sólo otorga crédito y crea dinero como consecuencia de las operaciones de compra-venta de mercancías realizables o en curso de producción. Y por lo tanto, no se puede crear dinero en exceso de la demanda transaccional, ni de las expectativas de demanda efectiva y empleo. Sin embargo, al sistema bancario puede restringir la cantidad monetaria por debajo de las necesidades transaccionales, por servir el error de la teoría cuantitativa de los precios, y así estar en condiciones de cobrar por la creación monetaria una más alta tasa de interés.

No se puede entender que las políticas monetarias no hayan comprendido que es un imposible lógico pretender la estabilidad del proceso económico con inestabilidad del precio del dinero; al mismo tiempo que la estabilidad del poder adquisitivo del dinero (y no del dinero que no tiene valor en sí mismo) no se puede alcanzar más que gracias a la estabilidad del proceso productivo y de la distribución del producto entre los factores de producción.

No es fácil comprender que los errores de fundamento y de técnica de la teoría económica convencional nos hayan impedido entender que es más lógico suponer que sea el precio del dinero —la tasa de inte-

rés— lo que influye en el proceso productivo y de los
precios, en vez de atribuirlo a las variaciones de la cantidad monetaria.

El *tercer error* fundamental es el que se refiere al
desequilibrio comercial externo. No obstante que la
teoría económica se funda por Adam Smith en la condena del mercantilismo, porque el exceso de las ventas sobre las compras y la abundancia de metales preciosos que ello originaba no constituye la riqueza de
las naciones, hoy se practica lo que podríamos llamar
"neomercantilismo financiero", según el cual una economía se considera más próspera si vende más de lo
que compra, aunque para ello tenga que otorgar créditos internacionales, que necesariamente resultan imposibles de solventar mientras el deudor no pase a ser
superavitario y el acreedor se resigne a ser deficitario,
corrigiendo con ello el desequilibrio que se produjo
con el exceso de las ventas sobre las compras. Cuando
lo más cierto es que el "óptimo" para cada economía
en particular, y para el conjunto de las economías que
comercian entre sí, es el *equilibrio* comercial externo,
sin superávit y sin déficit, porque ello permite aprovechar la ventaja productiva de un país para abara-
tar el sistema de costos y precios de otro.

Como el equilibrio comercial sin superávit y sin déficit es el óptimo para el desenvolvimiento de cada economía en particular y para el mundo en general, pro-
curarlo debería haber sido la misión del Fondo Monetario Internacional. Pero desde su inicio equivocó su
orientación, convirtiéndose en un simple mecanismo
de pagos, que en vez de corregir los desequilibrios los
acentuaba con el sistema de los créditos internacionales. Primero los derechos ordinarios de giro, posteriormente los préstamos y créditos del Banco para la
Reconstrucción y Fomento (Banco Mundial), después
los derechos especiales de giro, y por último la introducción del sistema bancario privado en el mecanismo de los créditos internacionales a mediano y largo
plazo, olvidando que el sistema bancario de un país
no puede prestarle a otro sin poner en riesgo su pro-

pia solvencia. Esto es lo que en otro lugar he llamado "incapacidad congénita" del Fondo Monetario Internacional para cumplir lo que era su cometido: la estabilidad comercial y de las monedas.

Y así el FMI impone restricciones monetarias para pretender hacer efectivos los créditos internacionales; sin tener en cuenta que cuando se restringe la creación monetaria respecto a las expectativas de la "demanda efectiva" no se hace otra cosa que reducir el empleo, la producción, el consumo, el ahorro, la acumulación de capital y la posibilidad misma de solventar los créditos. Lo que, por el contrario, sólo se puede alcanzar con el crecimiento del empleo, del producto y del ingreso de los deudores, sustentado en la natural flexibilidad de la creación monetaria, en función del empleo y de la demanda efectiva.

Se comprende fácilmente que la práctica de las devaluaciones no sirve para corregir los desequilibrios externos, porque para ello sería menester que la devaluación genere las elasticidades de oferta y demanda de mercancías de importación y de exportación, lo cual se dificulta con la restricción de la inversión; y que no aumenten los costos y precios internos, con lo cual antes o después se pierde la competitividad que quisiera obtenerse con la devaluación. De aquí que una devaluación suele preparar devaluaciones subsiguientes o progresivas, mientras no se corrijan los desequilibrios internos en la distribución del producto entre los factores, mediante medidas de política interna, procurando ajustar el sistema de precios a las productividades relativas.

Las incongruencias y errores de la teoría que llamamos convencional o en uso —"sumariamente enunciados"— han dado lugar, de un lado, a la elevación tan drástica de las tasas de interés y, del otro, a que el endeudamiento externo se vuelva tan extraordinario como creciente y acumulativo, en franca desproporción con el crecimiento del comercio internacional y de la producción mundial.

Se ha olvidado que el principio fundamental de toda la teoría económica es que el óptimo consiste en el equilibrio comercial externo sin superávit, y por lo tanto sin déficit, porque es el que permite aprovechar las ventajas comparativas del comercio para incrementar la producción, el consumo y el comercio mismo de las economías que comercian entre sí y del conjunto. Cuando no se comercia equilibradamente, unos países producen lo que otros consumen, y otros consumen lo que aquéllos produjeron, con lo cual se reduce la producción y el *comercio* en la medida del desequilibrio mismo, en vez de que ésta aumente como suponen los que otorgan y solicitan créditos internacionales.

Es absolutamente obvio que para que un país pueda exportar en mayor proporción de lo que importa es menester que el salario real no crezca en la medida de su productividad, porque si lo hiciera en esta proporción toda la producción sería consumida por el propio país. Es decir el superávit comercial genera desequilibrio interno por desproporción de la participación de la ganancia respecto al crecimiento del producto mismo; lo mismo que el desequilibrio por déficit produce también el efecto de incrementar la participación de la ganancia a expensas del crecimiento del salario y del producto mismo, que se limita por la propia importación en exceso.

Así pues, el desequilibrio comercial externo es desequilibrio interno en la distribución del producto entre los factores de producción, a la vez que el desequilibrio externo genera desequilibrio en la distribución del producto entre los factores, en favor de la participación de la ganancia y del proceso inflacionario de los precios.

Esto no quiere decir que los países puedan estar siempre en equilibrio comercial externo, porque ello obedece incluso a factores reales que no son siempre fáciles de superar. Lo que sí quiere decir es que los países deben procurar alcanzar el equilibrio, en vez de dejarse llevar del error de considerar como favorable el superávit comercial externo.

No haber sabido comprender que el comercio internacional que, en definitiva, es puro trueque de mercancías por mercancías, tiene que tender necesariamente al equilibrio, da lugar a que las economías no funcionen bien.

De aquí que el sistema de los créditos internacionales a mediano y largo plazo que alcanza tan exorbitantes magnitudes es consecuencia de un error técnico de incongruencia económica, financiera y jurídica, por lo que no es de extrañar que suscite tantas dificultades.[2]

En el camino de este error, el propio dinamismo de los préstamos bancarios internacionales ha dado lugar a que los banqueros olviden hasta las precauciones más elementales. La de la desproporción del crédito con las magnitudes de crecimiento y posibilidad de reembolso de los deudores. Y otra de más grave importancia: la vigilancia de que los créditos internacionales fueran dedicados al destino para el que se otorgaban.

En efecto, una parte muy importante de los créditos internacionales se ha desviado de su destino original que no debería ser otro que adquirir mercancías del exterior, para sustituir la creación monetaria para gastos internos y gastos presupuestales. Y lo que es más grave todavía, para servir la evasión de capitales.

Como una muy buena parte de los créditos internacionales que exigen los países acreedores ha sido invertida en transferencia de fondos a los países prestamistas, de nación a nación, de economía a economía, la deuda está parcialmente saldada.

Así pues el problema de los créditos internacionales no es sólo falla de los deudores, sino también de los acreedores, que otorgaban los créditos para conseguir un superávit que no favorecía a su economía en conjunto, haciendo una creación monetaria desproporcionada, que hoy difícilmente puede reembolsarse por las operaciones de consumo del producto mismo.

---

[2] Antonio Sacristán Colás, *Problema que suscita el sistema de los créditos internacionales a mediano y largo plazo.* Publicado por el CIDE en el vol. I que recoge las ponencias del Seminario de Oaxtepec bajo el título *Transnacionalización y periferia semindustrializada.*

Humorísticamente se podría decir que si los acreedores no están dispuestos a comprar más mercancías a los deudores, para así reembolsarse sus créditos, dejémosles que fijen los plazos y condiciones de los créditos mismos, porque éstos no se podrán pagar más que como hasta el presente, con el otorgamiento de nuevos créditos que absorban capital e intereses, y así sucesivamente hasta el fin de los siglos, o hasta que se encuentre una solución más racional y congruente con la naturaleza real de los mismos créditos internacionales, que no es otra cosa que un poder de compra diferido de mercancías al deudor.

Y antes o después y por medio de muchos dimes y diretes, de reuniones, conciertos y negociaciones, tendrán que acabar como acabaron las reparaciones de la segunda guerra mundial, que tuvieron que suspenderse, ya que provocaban fuertes déficit en las economías a las que había que pagar las reparaciones (véase Keynes, *Las consecuencias económicas de la paz*).

III

Después de estas observaciones que el propio desarrollo de la crisis se ha encargado de demostrar empíricamente, no cabe duda de cuál ha sido la génesis de la crisis económica:

La elevación tan drástica de las tasas de interés bancario dio lugar a la retracción de la inversión y al desempleo creciente y acumulativo, y al mismo tiempo a la aceleración del proceso inflacionario de los precios, hasta dar lugar a espirales tan colosales de tasa de interés y precios, como se han alcanzado en casi todas las economías de América Latina.

Las devaluaciones, con el fallido propósito de nivelar la balanza de mercancías y servicios, acentuaron el desequilibrio externo, por ser más fuerte su efecto inflacionario en el sistema de costos y precios internos que las elasticidades productivas y de comercio, a que hubieran podido dar lugar las devaluaciones mismas.

Y como por otra parte las devaluaciones, así como el propio proceso inflacionario, han elevado tan descomunalmente las cargas financieras que tiene que soportar el capital, se ha acentuado todavía más la disparidad entre la desproporción de la participación de la ganancia y los costos primos, y ha hecho cada vez más difícil el proceso de la inversión.

Cuanto más endeudados en moneda extranjera se hallaban los países, la devolución del tipo de cambio incrementaba de tal manera las deudas que no eran posibles de sostener sin quiebra de las empresas, o sin transladarla al sistema monetario y bancario nacional. Y por añadidura, el endeudamiento externo servía para mantener el desequilibrio de la balanza de mercancías y servicios y para hacer posible la evasión de capitales.

Las generaciones futuras o las presentes que observen este fenómeno con imparcialidad no podrán dejar de asombrarse de cómo las políticas monetarias y cambiarias, dirigidas por los bancos centrales, han podido ser tan disparatadas.

No nos corresponde dilucidar aquí las responsabilidades políticas en que incurrieron los que las implantaron. Ello le corresponde a los órganos de representación popular de los respectivos países. Sin embargo, creemos necesario significar la enorme responsabilidad de los economistas, muy especialmente de los economistas involucrados en tales decisiones, aunque esta responsabilidad esté diluida en un consenso tan general, fruto no tanto del análisis concienzudo como de una inercia tolerada en el desenvolvimiento de la teoría económica, que no quiso escuchar las críticas fundamentales que se hicieron de su funcionamiento.

IV

Las observaciones críticas expuestas —que es para mí
una extraordinaria oportunidad someter al análisis de
este congreso, que reúne tantos economistas angustia-
dos por los sufrimientos de sus respectivos pueblos—
permiten dibujar una versión más simple del funcionamiento económico que, aunque late implícito y explícito en la teoría, parece que hemos ido olvidando
y que conviene recordar.

En primer lugar, la producción la genera el *empleo*:
cuando el empleo desciende, desciende el producto,
desciende el ingreso, desciende el consumo y al propio tiempo el ahorro y la acumulación de capital. El
empleo determina la demanda efectiva, que a su vez
estimula la inversión y el empleo, y hace posible el normal desenvolvimiento económico, si las políticas monetarias de elevadas tasas de interés no se encargaran
de romper este proceso tan natural. Cuanto más deci-
didas sean las políticas de pleno empleo (que no es lo
mismo que crear empleo, sino crear las condiciones
para que la inversión se pueda producir) mayor será
el incremento del producto y el bienestar de toda la
comunidad, puesto que cuanto más cerca esté la economía de pleno empleo es más factible que el salario
sea igual a la productividad del trabajo y a la desutilidad marginal del mismo, y que la ganancia sea también proporcional al crecimiento del producto. Y por
consiguiente se alcanza el equilibrio y estabilidad de
los precios, como relación estable del precio con los
costos primos de producción.

Con este supuesto tan natural del funcionamiento
de la economía, parece obvio que la política de los bancos centrales o los organismos encargados de la creación monetaria debe ser procurar que ésta fluya en
función de las expectativas de la demanda efectiva, sin
pretender influirla, restringiendo o expansionando el
circulante; y al mismo tiempo procurar que la tasa de
interés que cobra el sistema bancario sea la que per-

mita la inversión y el pleno empleo. Cuanto más *estable* y más *baja* sea la tasa de interés bancario, más fácil es que las economías funcionen normalmente.

Pero no basta con una política de tasa de interés para conseguir el pleno empleo, si al mismo tiempo no se logra que el salario real cumpla la condición de equilibrio, es decir la igualdad con la productividad marginal del trabajo, y con la desutilidad marginal del mismo, que es el principio clásico en que se apoya el buen funcionamiento de la economía.

No es fácil suponer que este fenómeno se produzca por el libre juego de las fuerzas económicas, que prefieren la desproporción de la participación de la ganancia a expensas del crecimiento del salario. Por lo tanto es menester que la presencia ineludible del Estado en la vida económica, que se ve obligado a intervenir en los conflictos de fijación de salarios, se hiciera con el criterio de que el salario debe crecer con el crecimiento del producto por hombre empleado, en vez de usar los criterios de descenso del poder adquisitivo del salario o del aumento de las ganancias, que no son indicadores correctos del buen funcionamiento del proceso económico.

El salario tiene que crecer ni más ni menos que la productividad del trabajo, porque si creciera más sería puramente crecimiento nominal, y si crece menos es desproporción de la participación de la ganancia y, por consiguiente, descenso del salario real e inflación del lado de las ganancias.

Tan sencillo criterio de distribución resuelve tantas ambigüedades y perplejidades como padece la teoría económica.

Si el salario crece proporcionalmente con el crecimiento del producto, la ganancia sería también proporcional al mismo; pero sin el principio de la competencia perfecta que, como hemos puesto de manifiesto, no es realista ni es lógico, no hay nada que asegure que no pueda aumentar la ganancia y la tasa de la ganancia por la simple elevación de los precios. El Estado tiene también una ineludible obligación en el proceso económico: evitar el enriquecimiento ilícito por "enriquecimiento sin causa", que significa el aumento de las ganancias por simple alza de precios. Bueno está que aumenten las ganancias por mejoras en la organización de la producción; necesario que aumenten los precios por aumento de costos primos, pero lo que no tiene justificación ninguna es la elevación de las ganancias sin aumento de los costos primos ni de la productividad, debida simplemente al alza de los precios. Esta transgresión tan clara y tan precisa del proceso económico, que ordinalmente se envuelve en el concepto vago de los "especuladores", es algo en lo que necesariamente se tiene que emplear el Estado, por medios fiscales y por cualquier otro método, si se quiere conseguir la estabilidad del proceso económico, el bienestar de la comunidad y evitar la enorme injusticia que representa el que unos lucren y alcancen mayor bienestar a expensas de la reducción del bienestar de los demás, lo cual es tan inmoral como *antieconómico*.

El Estado actúa en muy profusas direcciones y son muy amplias y numerosas las intervenciones, programaciones y demás métodos de intervención; pero se olvida precisamente de tocar los dos puntos claves que son: la proporcionalidad del salario con el crecimiento del producto y el de que la ganancia no sea a expensas del alza de los precios. Mientras el Estado se inhibe en la regulación de estos hechos fundamentales, interviene en cambio de la manera más drástica y efectiva en favor del desequilibrio y participación de la ganancia, con las políticas de fijación de las tasas de interés y de los tipos de cambio. No es cierto que ello sea la economía "liberal" que propugnan los partidarios del sistema de la libre empresa, libre empresa pero no liberal, porque el Estado se encarga de que el proceso económico se incline del lado de la protección y el incremento de la ganancia, a expensas del crecimiento del salario real, lo cual no sólo es la injusticia, sino también el desequilibrio económico.

Estas observaciones no están ligadas directamente con la cuestión que divide a la humanidad en dos sectores: la de la propiedad de los medios de producción.

Se puede suponer que puede haber ventajas en la libertad de iniciativa en el proceso productivo; pero lo que no es admisible es que esta libertad se extienda a la libertad en la distribución del producto entre los factores de la producción, capital y trabajo, para impedir precisamente el desenvolvimiento del proceso productivo.

V

En el fondo se trata de un equivocado enfoque de la teoría y del sistema económico que consiste en que *hemos dado prioridad a la participación de la ganancia, en vez de al crecimiento del salario real* que es necesariamente el correlativo del crecimiento del producto y de la productividad de la economía, no obstante que todos reconocemos que el valor es el *valor trabajo*, y que la producción, tanto de los bienes de consumo como de capital, es fruto de la mano de obra y del ingenio humanos (trabajo y tierra ahorrados, es la definición wickselliana del capital).

Este error se acentúa más al dar prioridad a los réditos y a las ganancias en dinero, por encima de la productividad real de los negocios; puesto que para hacer posible la preferencia de la ganancia y de la tasa de la ganancia sobre el crecimiento del salario es menester el proceso inflacionario, que no es ni más ni menos que la desproporción del sistema de precios respecto a los costos primos de producción.

Se da prioridad y preferencia a la participación de la ganancia por suponer que el aumento de las ganancias favorece la acumulación; cuando lo más cierto es que la acumulación es la que determina la ganancia, y no la ganancia la que determina la acumulación. Y así vivimos en un círculo vicioso, en el que la ganancia determina los precios y los precios determinan la ganancia; con lo cual no es posible llegar ni a la determinación del precio justo ni a asegurar el equilibrio en la distribución del producto entre los factores, que es la base del buen funcionamiento de toda economía.

Se impone, pues, un trascendental y al mismo tiempo simple cambio de enfoque de la teoría económica: *dar prioridad y tomar como objetivo, elemento de análisis y medición del proceso económico al crecimiento del salario real y su proporcionalidad con el crecimiento del producto.* La proporcionalidad del crecimiento del salario ha de dejar el margen necesario para la ganancia sin la cual no es posible ni la acumulación de capital ni la remuneración de la dirección de la producción y de los servicios públicos y privados, que la economía requiere para su buen funcionamiento.

Tan sencillo principio representa toda una revolución, una "revolución de pensamiento", que consiste en que en vez de dar prioridad y protección a la ganancia, por suponer erróneamente que favorece la acumulación, considerar como objetivo, elemento de análisis y medición de todo el proceso económico el crecimiento del salario en proporción con la productividad del trabajo.

Tal revolución de pensamiento es tan simple y difícil de realizar como son las revoluciones de esta clase. Simple, porque está dentro de la comprensión normal y de la más pura lógica; difícil porque para lograrla es menester vencer toda la serie de falsos conceptos y prejuicios que obstruyen la comprensión de la simplicidad del principio de que el crecimiento del salario real tiene que ser el objetivo de todas las economías. Y no sólo porque favorece a las mayorías sin detrimento del legítimo bienestar de las minorías, sino porque es la condición necesaria para el equilibrio, y para la posibilidad de alcanzar el pleno aprovechamiento de los recursos humanos, naturales y de técnica, de que hoy dispone la humanidad.

Acostumbro a comparar esta revolución de pensamiento con la que se produjo en la concepción del universo después de Copérnico y Galileo, que demostra-

ron que la Tierra giraba alrededor del Sol, en vez del
Sol alrededor de la Tierra; o con la revolución que para
la física moderna representó la teoría de la relatividad.
Y aun en el terreno de la organización de la sociedad
y del estado, con la enorme revolución de pensamiento que consistió en reconocer que el poder político no
se confiere "por la gracia de Dios" a través de una suce-
sión dinástica, sino merced al consenso de los propios
gobernados. Y esta revolución de pensamiento que
transformó al Estado y el comportamiento de toda la
sociedad contemporánea, es tan universalmente acep-
tada, que en los países en que se ha conculcado vuelve a ir ganando terreno por sí misma, y por la fuerza
de las ideas. Y hubiera producido aún resultados más
plenos a la humanidad, si los errores de la teoría económica que aquí denunciamos no se hubieran encargado de impedir que la democracia política se tradu-
jera en una sociedad más igualitaria.

No se puede comprender cómo los partidos socialistas al llegar al poder, o los regímenes apoyados en
el voto mayoritario de las clases trabajadoras, no han
adoptado como punto fundamental de su política el
crecimiento del salario en proporción con el crecimiento de la productividad del trabajo. Sin duda porque
la teoría económica se ha prestado a tal confusión que
ha hecho creer y ha hecho aceptar que la elevación de
los salarios nominales constituye la inflación. Cuando
lo más cierto es que el salario sólo es inflacionario si
creciera en mayor proporción de su productividad. Por
el contrario, como hemos puesto de manifiesto, si el
salario no crece en la proporción de la productividad
se traslada la inflación del lado de los salarios, al lado
de la desproporción de la ganancia.

Con ello no se perturba tampoco la ganancia si ésta
crece proporcionadamente con el crecimiento del producto; y es ganancia real porque no sería inflacionaria.

Con tan claro principio que al propio tiempo es el
reconocimiento del postulado inevitable de la economía clásica, los precios tenderían a ser estables como
relación con los costos primos, y las economías po-

drían alcanzar su crecimiento equilibrado y estable. No es fácil que esta revolución de pensamiento pueda ser alcanzada por la simple difusión de las ideas. Pero en cambio es posible impulsarla si se llevan a cabo ciertas políticas, que no pueden considerarse en manera alguna perturbadoras ni contradictorias, con el funcionamiento normal de las economías. Al propio tiempo estas ideas y estas políticas son aquellas que nos pueden servir para remontar la actual crisis económica.

La validez y viabilidad de estas políticas surge de la enumeración de los principios mismos del proceso económico:

En primer lugar, es menester sustituir la lucha de clases por un mecanismo que permita que el salario crezca ni más ni menos que en la proporción del producto por hombre empleado, porque si crece más, sería crecimiento puramente nominal del salario, y si crece menos implica la desproporción inflacionaria de la participación de la ganancia. Y para ello bastaría con que la ineludible presencia del Estado en la economía, que normalmente lo obliga a intervenir en los conflictos de trabajo, en los que se ha de decidir la participación del salario y de la ganancia, se lleve a cabo tomando en cuenta el criterio de la productividad del trabajo por hombre empleado, en vez de tener en cuenta las variaciones de la ganancia, o las pérdidas del poder adquisitivo del salario nominal. Y no podrá decirse que la aplicación de este criterio lesione ninguna regla moral ni económica.

Fijada así la tasa del salario en proporción con el crecimiento del producto por hombre empleado, la participación de la ganancia resultaría también proporcional al crecimiento del producto y del costo primo; y por consiguiente es posible frenar el proceso inflacionario, que consiste fundamentalmente en la desproporción de los precios respecto a los costos primos en salarios.

Pero no bastaría con esta política de salarios, si por otro lado se deja la libertad de incrementar la ganancia por simple alza de los precios. Y aquí también la ineludible presencia del Estado debe evitar lo que en términos jurídicos puede calificarse como "enriquecimiento ilícito" por "enriquecimiento sin causa jurídica", que consiste en el aumento de las ganancias, por simple alza de precios. Bueno está que los precios aumenten al aumentar los costos primos, bueno está que aumenten las ganancias por eficiencia productiva, pero lo que no es admisible es que aumenten las ganancias y los precios sin incremento de los costos primos o sin incremento de la eficiencia productiva, porque ello es precisamente "enriquecimiento ilícito".

No es difícil que dentro de la concepción más elemental del Estado, como órgano encargado de "administrar justicia", se encuentren los medios fiscales o de otro género para impedir que haya incremento de las ganancias por simple alza de los precios.

Con estas dos simples políticas, que son a la vez medidas de equilibrio y de justicia, que el Estado puede y debe llevar a cabo, se advertiría fácilmente cómo las economías funcionan más normalmente y se eliminan las causas más directas del proceso inflacionario. Y así, con el mejor funcionamiento de las economías, se llegaría a la convicción de que se han ido encontrando principios más sanos de dirección económica.

En segundo lugar, es menester la reducción drástica de las tasas de interés bancario, especialmente de la que se carga por los créditos comerciales a corto plazo que se llevan a cabo con los depósitos a la vista (que no causan interés) y que constituyen el circulante monetario, sin pretender restringir el circulante respecto a la demanda transaccional, para con ello frenar el crecimiento de la demanda efectiva, del empleo, de la producción y del ingreso.

El sistema de la creación monetaria y el sistema bancario deben estar al servicio de la producción, en vez de que la restricción de la producción genere el lucro en la creación monetaria y de la banca. El acierto de la nacionalización de la banca permite que la banca pueda hacer el servicio de la creación monetaria en forma remunerada, al más bajo costo posible, pero no lucrativa a expensas del proceso real de la producción, y del crecimiento económico.

Puede dejarse si se quiere una cierta libertad de mercado para la fijación de los réditos que demandan los ahorradores, por dejar de estar líquidos y prestar a los inversionistas; aunque naturalmente cuanto más bajo sea el interés bancario, más baja será la tasa de interés que se exija por el ahorro para su inversión, y por consiguiente mayores las posibilidades de utilizar con mayor amplitud medios de capital, que favorezcan el incremento de la productividad de la economía.

Es erróneo suponer que es menester crear medios monetarios para la inversión, porque éstos ya están creados, y forman la parte del circulante que no se destinó al consumo y que son el ahorro susceptible de inversión en bienes de capital.

Se ha de practicar una *política monetaria autónoma*, y en relación con las expectativas de la demanda efectiva, y las necesidades de incrementar el empleo y la producción. Lo cual es hoy perfectamente factible. En primer lugar porque han desaparecido hasta los últimos vestigios del "patrón oro", y lo que hoy se computa como reservas, son deudas internacionales, que en manera alguna pueden servir de respaldo a ninguna moneda; y en segundo porque disponemos de lo que, hoy por hoy, es la mejor *reserva monetaria* del mundo: las reservas, producción y ventas de petróleo.

En tercer lugar, es indispensable también una política de estabilización del tipo de cambio con el exterior, puesto que para que las devaluaciones puedan servir para corregir el desequilibrio externo es menester suponer que no influyen en el sistema de costos y precios internos de la economía, con lo cual se pierde la competitividad que se había querido conseguir con la devaluación y, antes o después, no hacen otra cosa que preparar las devaluaciones subsiguientes, o practicar políticas de "deslizamiento".

No se puede olvidar que el desequilibrio comercial externo es consecuencia del desequilibrio interno en la distribución del producto entre los factores de producción que genera el proceso inflacionario; al mismo tiempo, el desequilibrio comercial externo genera desequilibrio interno en la distribución del producto entre los factores, por desproporción de la participación de la ganancia tanto en el superavitario como en el deficitario.

Por consiguiente, no es posible alcanzar el equilibrio comercial externo mientras no se corrijan los efectos del desequilibrio interno en la distribución y en el sistema de precios, e inútil soslayar este inevitable esfuerzo con las devaluaciones.

Para que pueda haber equilibrio comercial externo es menester que las paridades cambiarias "sean paridades de equilibrio", que no son otra cosa que aquellas que ni pretenden favorecer el superávit ni propician el déficit. Éstas se han de determinar por la comparación de los valores reales de una economía con los del exterior; los que pueden ser medidos por la relación de los salarios nominales en sus respectivas monedas, que son la relación de costos primos.

La fijación de paridades de equilibrio, y defender a todo trance la estabilidad de tal tipo de cambio, es función ineludible del sistema bancario, y debiera ser la función esencial del Fondo Monetario Internacional y de sus organismos anexos.

El equilibrio comercial externo y la paridad de equilibrio son incompatibles con el sistema de los créditos internacionales a mediano y largo plazo, otorgados para favorecer el desequilibrio por superávit de los países más prósperos, en contra de la producción y el desarrollo de las economías de los países que lo son menos.

Lo que se llama el nuevo orden económico internacional no es ni más ni menos que el más antiguo de todos: conseguir el equilibrio sin paridades cambiarias infravaluadas ni sobrevaluadas y sin créditos internacionales. Y comprendiendo que el equilibrio sólo se puede conseguir procurando comprar en la misma proporción de lo que se quiere vender.

En cuarto lugar, es menester hacer comprender a los acreedores que los créditos internacionales a mediano y largo plazo no son otra cosa que un poder de compra de mercancías al deudor, y que no pueden ser solventados mientras el acreedor no adquiera mercancías del deudor, en la proporción suficiente para que su crédito pueda ser liquidado.

Es inútil pretender que los créditos internacionales, aumentados por sus altos réditos, puedan ser solventados si se reduce la producción, y el desenvolvimiento del empleo, del producto y del ingreso de los deudores.

La mejor solución para resolver el problema de los créditos internacionales sería, como hemos señalado en otro lugar, la de asimilarlos o convertirlos en "derechos especiales de giro" que puedan entrar en los balances de las instituciones prestamistas, para poder ser utilizados cómo y cuándo los países acreedores estén en disposición de comprar más a los deudores y los deudores en posibilidad de ofrecer más mercancías al acreedor.

Esta serie de medidas, que no es el caso detallar más aquí, no son otra cosa que restablecer el prístino funcionamiento del sistema económico, purgándolo de los errores y desviaciones que han ido introduciéndose en el desarrollo de la teoría convencional, y al mismo tiempo, constituirían el camino para remontar la crisis, lo que no podrá alcanzarse sin la adopción de estas o parecidas medidas, que hagan posible el incremento del empleo, de la producción, de la demanda efectiva y, por ende, el incremento del consumo, el ahorro y la acumulación de capital.

El proceso económico podrá ser más equilibrado y estable cuanto más clara y precisa sea la proporcionalidad del crecimiento del salario con el crecimiento del producto, y por ende la proporcionalidad de la participación de la ganancia, en sus dos elementos, la acumulación de capital y la propensión o proporción del consumo de las ganancias, incluyendo en ella no solamente los gastos de empresarios y rentistas, sino

todos los gastos y servicios públicos y privados que
se consideran necesarios para el funcionamiento de
la sociedad, que por altos que éstos sean no constitui-
rán motivo de desequilibrio ni de inflación, si la proporción del consumo de las ganancias (tal como aquí
se describe) no sobrepasa su proporcionalidad con el
crecimiento del ingreso y del producto.

Se podrá decir que estas observaciones son utopía,
pero no lo es, porque son más consistentes y coinciden-
tes con la realidad del desenvolvimiento del proceso
económico que las que venimos practicando y critica-
mos aquí. Lo que es verdaderamente utópico es pretender que se pueda remontar la crisis sin un cambio
radical de ideas alrededor de éstos o parecidos principios.

Antes de poner punto final a esta larga disertación, me
considero obligado a llamar la atención sobre un punto
que a mi parecer no se ha tomado en la debida consideración.

Una parte muy importante de los créditos internacionales, que nunca se ha querido cuantificar con precisión, se ha destinado a hacer factible la exportación
de capitales y fondos al exterior.

Tanto los banqueros como el Fondo Monetario Internacional sabían perfectamente que los fondos re-
cibidos de los países deudores no podían proceder más
que del otorgamiento de los propios créditos internacionales. No sólo no han vigilado la legítima aplicación
de los créditos al destino para el que se otorgaban, sino
que de país a país, de economía a economía, la deuda
está saldada en la medida de los fondos que recibie-
ron como consecuencia del otorgamiento de los créditos. Por consiguiente carece de sentido que nos reclamen lo que ya tienen en su poder.

Si lo queremos apreciar desde el punto de vista interno de las economías deudoras, no puede encontrarse mayor injusticia en que se grave a toda la nación
y se la someta a las restricciones y austeridades im-

puestas a toda la economía, para favorecer el deseo de unos cuantos de poner a resguardo sus ganancias mejor o peor habidas, invirtiéndolas en monedas que consideraban más sólidas.

Por consiguiente, la *restitución* de estos fondos al país de origen es obligada. No se trata de una sanción, puesto que, aunque parezca mentira, en muchos de los países está permitida o tolerada la evasión de capitales. No se trata tampoco de la reparación del daño, pues el daño será muchas veces superior que la compensación que se obtenga con la repatriación de capitales. Se trata sencillamente de una *restitución* de lo que no debe pagar toda la nación en beneficio de los exportadores de las ganancias obtenidas en el país con el esfuerzo de la clase trabajadora y de todo el aparato productivo en general.

De este modo se aminora sustancialmente el monto del endeudamiento total, y se ofrece a los acreedores el único camino seguro de cobrar sus créditos.

Debe quedar a cada país la cuestión de si esta compensación de los créditos por *restitución* debe considerarse como pena o, por el contrario, ofrecer el contravalor en moneda nacional, bien sea al tipo de cambio de adquisición, o bien permitiéndoles a los exportadores de capitales alguna ganancia "por su clarividencia especulativa".

composición tipográfica: redacta, s. a.

impreso en editorial andrómeda, s. a.
av. año de juárez 226-local c/col. granjas san antonio
del. iztapalapa-09070 méxico, d. f.
tres mil ejemplares y sobrantes
5 de julio de 1985

ECONOMÍA Y DEMOGRAFÍA

Aglieta, M. *Regulación y crisis del capitalismo* [2ª ed.]

Alcántara, C.H. de. *La modernización de la agricultura mexicana: implicaciones socioeconómicas del cambio tecnológico, 1940-1970* [3ª ed.]

Amin, S. *¿Cómo funciona el capitalismo? El intercambio desigual y la ley del valor* [5ª ed.]

Amin, S. *La acumulación a escala mundial* [5ª ed.]

Aranda, S. *La revolución agraria en Cuba* [7ª ed.]

Aranda, S. *La economía venezolana* [3ª ed.]

Astori, D.S. *Enfoque crítico de los modelos de contabilidad social* [3ª ed.]

Bairoch, P. *Revolución industrial y subdesarrollo* [5ª ed.]

Barkin, D./Esteva, G. *Inflación y democracia* [2ª ed.]

Barnet, R.J. *La economía de la muerte*

Barraclough, S./Fernández, J.A. *Diagnóstico de la reforma agraria chilena*

Barrat-Brown, M. *Después del imperialismo*

Bataillon, C. *Las regiones geográficas en México* [5ª ed.]

Bettelheim, Ch. *Revolución cultural y organización industrial en China* [6ª ed.]

Bettelheim, Ch. *Cálculo económico y formas de propiedad* [7ª ed.]

Bhagwati, J. *La economía y el orden mundial en el año 2000* [2ª ed.]

Braun, O. *Comercio internacional e imperialismo* [3ª ed.]

Brunhoff, S. *La política monetaria* [3ª ed.]

Castañeda, J./Hett, E. *El economismo dependentista* [3ª ed.]

Castells, M. *La teoría marxista de las crisis económicas y las transformaciones del capitalismo* [2ª ed.]

Castro, A./Lessa, C. *Introducción a la economía* [33ª ed.]

CEPAL. *Economía campesina y agricultura empresarial: tipología de productores del agro mexicano*

Cibotti, P./Sierra, E. *El sector público en la planificación del desarrollo* (Textos del ILPES) [9ª ed.]

Coll-Hurtado, A. *¿Es México un país agrícola? Un análisis geográfico*

Cordera, R./Tello, C. *México: La disputa por la nación* [3ª ed.]

COPLAMAR. *Necesidades esenciales en México. Situación actual y perspectivas al año 2000* (5 volúmenes)

COPLAMAR. *Macroeconomía de las necesidades esenciales en México*

Croome, D./Robinson, J. *Iniciación a la teoría macroeconómica* [4ª ed.]

Chudnovsky, D. *Empresas multinacionales y gánancias monopólicas* [3ª ed.]

Dagum, C./Dagum E.M.B. de. *Introducción a la econometría* [8ª ed.]

Dallemagne, J.L. *La política económica burguesa* [2ª ed.]

Dmitriev, V. *Ensayos económicos sobre el valor, la competencia y la utilidad*

Dobb, M. *Teorías del valor y de la distribución desde Adam Smith* [5ª ed.]

Emmanuel, A. *El intercambio desigual* [5ª ed.]

Emmanuel, A. *La ganancia y las crisis*

Feder, E. *Violencia y despojo del campesino: Latifundismo y explotación capitalista en América Latina* [3ª ed. corregida y aumentada]

Ferrari, J.C. *La energía y la crisis del poder imperial*

Flichman, G. *La renta del suelo y el desarrollo agrario argentino*

Flores de la Peña, H. y otros. *Bases para la planeación económica y social de México* [11ª ed.]

Furtado, C. *El desarrollo económico: un mito* [4ª ed.]

Furtado, C. *Teoría y política del desarrollo económico* [9ª ed.]

Furtado, C. *La economía latinoamericana* [16ª ed.]

Furtado, C. *Prefacio a una nueva economía política* [2ª ed.]

Furtado, C. *Creatividad y dependencia*

Gamble, A./Walton, P. *El capitalismo en crisis: La inflación y el Estado* [3ª ed.]

García, A. *Cooperación agraria y estrategias de desarrollo* [2ª ed.]

Godelier, M. *Racionalidad e irracionalidad en economía* [10ª ed.]

González Montero, J. y otros. *La planificación del desarrollo agropecuario*. Vol. 1 (Textos del ILPES) [3ª ed.]

González Montero, J. y otros. *La planificación del desarrollo agropecuario*. Vol. 2 (Textos del ILPES) [2ª ed.]

Helleiner, R.K. y otros. *Hacia un nuevo orden económico internacional*

Hesselbach, W. *Las empresas de la economía de interés general* [2ª ed.]

Huang, D.S. *Introducción al uso de la matemática en el análisis económico* [6ª ed.]

ILPES. *Discusiones sobre planificación* [12ª ed.]

ILPES. *Guía para la presentación de proyectos* [9ª ed.]

ILPES/OEA/BID. *Experiencias y problemas de la planificación en América Latina* [2ª ed.]

ILPES. *Ensayos sobre planificación regional de desarrollo* [3ª ed.]

ILPES. *La brecha comercial y la integración latinoamericana*

ILPES y otros. *Discusiones sobre programación monetario-financiera*

IMCE. *El comercio exterior en México* (3 volúmenes)

Instituto de Investigaciones Sociales. *El perfil de México en 1980.* Vol. 1 [11ª ed.]

Instituto de Investigaciones Sociales. *El perfil de México en 1980.* Vol. 2 [10ª ed.]

Instituto de Investigaciones Sociales. *El perfil de México en 1980.* Vol. 3 [7ª ed.]

Jaguaribe, H./Ferrer, A./Wionczek, M.S./Dos Santos T. *La dependencia político-económica de América Latina* [12ª ed.]

Jalée, P. *El Tercer Mundo en la economía mundial* [7ª ed.]

Jalée, P. *El imperialismo en 1970* [5ª ed.]

Kula, W. *Teoría económica del sistema feudal* [3ª ed.]

Le Châu. *Del feudalismo al socialismo: la economía de Vietnam del norte*

Leontief, W. y otros. *El futuro de la economía mundial*

Lipietz, A. *El capital y su espacio*

Machlup, S. *Semántica económica*

Martner, G. *Planificación y presupuesto por programas* (Textos del ILPES) [12ª ed. corregida y aumentada]

Matus, C. *Estrategia y plan* [3ª ed.]

Myrdal, G. *La pobreza de las naciones*

Nelson, M. *El aprovechamiento de las tierras tropicales en América Latina* (Textos del ILPES)

Nove, A. *El sistema económico soviético*

Noyola, J. *La economía cubana en los primeros años de la Revolución y otros ensayos*

Núñez del Prado, A. *Estadística básica para planificación* (Textos del ILPES) [10ª ed.]

Padilla Aragón, E. *Ciclos económicos y política de estabilización* [5ª ed.]

Padilla Aragón, E. *México: desarrollo con pobreza* [11ª ed.]

Padilla Aragón, E. *México: hacia el crecimiento con distribución del ingreso*

Palloix, Ch. *Las firmas multinacionales y el proceso de internacionalización* [2ª ed.]

Penrose, E.T. *La economía del sistema internacional de patentes*

Perzabal, C. *Acumulación capitalista dependiente y subordinada: el caso de México* [2ª ed.]

Pick de Weiss, S. *Un estudio social-psicológico de la planificación familiar*

Restrepo, I./Eckstein, S. *La agricultura colectiva en México: la experiencia de La Laguna* [2ª ed.]

Robinson, J.N. *Aplicación de la teoría macroeconómica* [2ª ed.]

Robinson, J. *Introducción a la economía marxista* [10ª ed.]

Robinson, J. *Libertad y necesidad* [9ª ed.]

Robinson, J. *Contribución a la teoría económica moderna*

Rodríguez, O. *La teoría del subdesarrollo de la* CEPAL [2ª ed.]

Schiller, O. *Formas de cooperación e integración en la producción agrícola*

Segredo, D. *Programación a corto plazo en economías mixtas* (Textos del ILPES)

Singer, P. *Economía política de la urbanización* [5ª ed.]

Singer, P. *Curso de introducción a la economía política* [4ª ed.]

Singer, P. *Economía política del trabajo*

Sirc, L. *Iniciación a las finanzas internacionales*

Sirc, L. *Iniciación al comercio internacional* [2ª ed.]

Solís, L. *La realidad económica mexicana: retrovisión y perspectivas* [14ª ed. corregida]

Soza Valderrama, H. *Planificación del desarrollo industrial* (Textos del ILPES) [9ª ed.]

Steindl, J. *Madurez y estancamiento en el capitalismo norteamericano*

Strauss, E. *La agricultura soviética en perspectiva*

Sunkel, O./Paz, P. *El subdesarrollo latinoamericano y la teoría del desarrollo* (Textos del ILPES) [15ª ed.]

Tello, C. *La política económica en México (1970-1976)* [4ª ed.]

Tello, C. *La nacionalización de la banca en México*

Torres Gaytán, R. *Teoría del comercio internacional* [10ª ed.]

Torres Gaytán, R. *Un siglo de devaluaciones del peso mexicano*

Urzúa, R. *El desarrollo y la población en América Latina*

Vercelli, A. *Teoría de la estructura económica capitalista*

Zaid, G. *El progreso improductivo* [3ª ed.]

Zimmerman, L.J. *Países pobres, países ricos: la brecha que se ensancha* [9ª ed.]